낭송

세조·예종실록

낭송Q시리즈 조선왕조실록편 **낭송 세조·예종실록**

발행일 초판1쇄 2024년 4월 25일(甲辰年 戊辰月 己未日) | **풀어 읽은이** 정기재
펴낸곳 북드라망 | **펴낸이** 김현경 | **주소** 서울시 종로구 사직로8길 24 1221호(내수동, 경희궁의아침 2단지) |
전화 02-739-9918 | **이메일** bookdramang@gmail.com

ISBN 979-11-92128-46-7 04910 979-11-86851-62-3(세트)

낭송
Q
시리즈

조선왕조실록편
05

世祖睿宗實錄

낭송 세조·예종실록

정기재
풀어
읽음

터

▶낭송Q시리즈 조선왕조실록편 『낭송 세조·예종실록』 사용설명서◀

1. '낭송Q'시리즈의 '낭송Q'는 '낭송의 달인 호모 큐라스'의 약자입니다. '큐라스'(curas)는 '케어'(care)의 어원인 라틴어로 배려, 보살핌, 관리, 집필, 치유 등의 뜻이 있습니다. '호모 큐라스'는 고전평론가 고미숙이 만든 조어로, 자기배려를 하는 사람, 즉 자신의 욕망과 호흡의 불균형을 조절하는 능력을 지닌 사람을 뜻하며, 낭송의 달인이 호모 큐라스인 까닭은 고전을 낭송함으로써 내 몸과 우주가 감응하게 하는 것이야말로 최고의 양생법이자, 자기배려이기 때문입니다(낭송의 인문학적 배경에 대해 더 궁금하신 분들은 고미숙의 『낭송의 달인 호모 큐라스』를 참고해 주십시오).

2. 낭송Q시리즈는 '낭송'을 위한 책입니다. 따라서 이 책은 꼭 소리 내어 읽어 주시고, 나아가 짧은 구절이라도 암송해 보실 때 더욱 빛을 발합니다. 머리와 입이 하나가 되어 책이 없어도 내 몸 안에서 소리가 흘러나오는 것, 그것이 바로 낭송입니다. 이를 위해 낭송Q시리즈의 책들은 모두 수십 개의 짧은 장들로 이루어져 있습니다. 암송에 도전해 볼 수 있는 분량들로 나누어 각 고전의 맛을 머리로, 몸으로 느낄 수 있도록 각 책의 '풀어 읽은이'들이 고심했습니다.

3. 최고의 양생법이자 새로운 독서법으로서의 '낭송'을 처음 세상에 알린 **낭송Q시리즈의 시즌 1**은 **동청룡·남주작·서백호·북현무편**으로 이루어져 있으며, 사계절의 기운을 담고 있는 것을 특징으로 합니다. 동청룡편에는 봄의 창조적 기운, 남주작편에는 여름의 발산력과 화려함, 서백호편에는 가을의 결단력, 북현무편에는 지혜와 상상력을 키울 수 있는 고요함을 품은 고전들이 속해 있습니다. 각 편 서두에는 판소리계 소설을, 마무리에는 네 편으로 나눈 『동의보감』을 하나씩 넣었고, 그 사이에 유교와 불교의 경전, 동아시아 최고의 명문장들을 배열했습니다.

▷ 동청룡: 『낭송 춘향전』, 『낭송 논어/맹자』, 『낭송 아함경』, 『낭송 열자』, 『낭송 열하일기』, 『낭송 전습록』, 『낭송 동의보감 내경편』

▷ 남주작: 『낭송 변강쇠가/적벽가』, 『낭송 금강경 외』, 『낭송 삼국지』, 『낭송 장자』, 『낭송 주자어류』, 『낭송 홍루몽』, 『낭송 동의보감 외형편』

▷ 서백호 : 『낭송 흥보전』, 『낭송 서유기』, 『낭송 선어록』, 『낭송 손자병법/오자병법』, 『낭송 이옥』, 『낭송 한비자』, 『낭송 동의보감 잡병편 (1)』

▷ 북현무 : 『낭송 토끼전/심청전』, 『낭송 도덕경/계사전』, 『낭송 대승기신론』, 『낭송 동의수세보원』, 『낭송 사기열전』, 『낭송 18세기 소품문』, 『낭송 동의보감 잡병편 (2)』

4. **낭송Q시리즈 시즌 2**는 고전과 몸 그리고 일상이 조화를 이루는 훈련으로서의 낭송에 초점을 맞추었습니다. **샛별편**에는 전통시대의 초학자들이 제일 먼저 배우며 가장 오래도록 몸과 마음에 새겨 놓은 고전을 담았고, **원문으로 읽는 디딤돌편**은 몸으로 원문의 리듬을 익혀 동양 고전과 자유자재로 접속할 수 있는 힘을 키울 수 있도록 했습니다. 또 **민담·설화편**은 입에서 입으로 전해지는 낭송의 진수를 보여 주는 우리나라 각 지역의 옛날이야기들을 모았으며, **여행기편**은 근대 이전 여행의 기록들을 낭송에 맞게 새롭게 엮었습니다.

▷ 샛별편: 『낭송 천자문/추구』, 『낭송 명심보감』, 『낭송 격몽요결』, 『낭송 사자소학』

▷ 원문으로 읽는 디딤돌편: 『낭송 대학/중용』, 『낭송 주역』, 『낭송 논어』

▷ 민담·설화편: 『낭송 강원도의 옛이야기』, 『낭송 경기도의 옛이야기』, 『낭송 경상북도의 옛이야기』, 『낭송 경상남도의 옛이야기』, 『낭송 서울북부 및 인천의 옛이야기』, 『낭송 전라남도의 옛이야기』, 『낭송 전라북도의 옛이야기』, 『낭송 제주도의 옛이야기』, 『낭송 충청남도의 옛이야기』, 『낭송 충청북도의 옛이야기』

▷ 여행기편: 『낭송 18세기 연행록』, 『낭송 19세기 연행록』

5. 낭송Q시리즈 조선왕조실록편은 조선 태조로부터 철종에 이르기까지 25대 472년간의 역사를 연월일 순서에 따라 편년체로 기록한 조선왕조실록을 낭송에 맞게 새롭게 엮었습니다. 낭송을 통해 역사 속 인물과 당대의 일상이 생생하게 살아 있는 역사 현장을 경험하게 되었으면 하는 바람을 조선왕조실록편에 담았습니다.

6. 낭송Q시리즈 조선왕조실록편인 이 책 『낭송 세조·예종실록』은 조선의 7대왕 세조가 재위한 1455년 윤6월부터 1468년 11월까지, 그리고 8대왕 예종이 재위한 1468년 9월부터 1469년 12월까지 국정 전반에 관한 역사가 담긴 『세조실록』과 『예종실록』을 풀어 읽은이가 그 편제를 새롭게 해서 각색하고 엮은 것입니다.

차례

朝鮮王朝實錄

三 · 세조의 꿈, 천자의 정치

四 · 말보다 행동! 몸으로 뛰는 민생정치

五 • 왕과 신하, 그 위태로운 줄타기

六 • 인간 세조, 그리고 비극들

朝鮮王朝實錄

七 · 세조의 여성관과 그 시대의 여성들

八 · 13개월의 짧은 재위, 예종

世祖睿宗實錄

九 · 세조 · 예종 시대의 이모저모

朝鮮王朝實錄

낭송
세조·예종실록

머리말

어느 찬탈자의 꿈 그리고 좌절

1. 선악의 저편에서 『세조실록』 읽기

지난겨울, 나는 『낭송 세조·예종실록』을 다듬고 고치느라 집에 틀어박혀 있었다. 도통 소식이 없는 내가 궁금했던지 한 친구가 전화를 걸어 왔다. 도대체 무얼 하느라 그렇게 두문불출이냐는 물음과 함께. 내가 『세조실록』을 읽는다고 하자 친구가 잠시 머뭇거리다 말했다. "아, 〈관상〉의 이정재!"

그렇다. 우리에게 세조는 〈관상〉의 수양대군 이정재다. 어린 조카의 왕위를 빼앗고 결국 그 조카를 무참히 살해한 왕위 찬탈자! 이러한 후대의 평가가 무리는 아니다. 세조는 권력을 차지하기 위해 김종서의 머리를 철퇴로 내리쳤고(계유정난), 저항하는 집현전 학자들의 목을 베었다(사육신의 난). 대충 헤아려도 그의 칼끝에 죽어 나간 사람이 수백, 그 일에 연루돼 노비가 된 사람이 또한 수백이다. 도대체 어떤 명분이 이런 잔혹함을 정당화할 수 있단 말인가? 그래서일까? 우리에게 세조는 딱 왕위를 찬탈하는 순간에 머물러 있다. 더 이상의 세조는 알고 싶지 않다는 듯이 말이다.

우리는 종종 역사를 심판이라는 말과 함께 쓴다. 당대에 이루지 못한 정의를 역사의 이름으로 단죄한다는 뜻이다. 그렇게 본다면 세조에 대한 이야기는 잔혹한 찬탈자에서 멈추는 것이 맞다. 폭군이라는 오명을 두고두고 덧씌우는 것만큼 큰 벌은 없을 테니 말이다. 그런데 이 지점에서 늘 의문이 들었다. 선악 시비를 가려 후손에게 교훈을 주기 위해서라면, 차라리 잘 짜여진 이야기 한 편이 낫다. 선하면 복을 받고 악하면 벌을 받는 권선징악의 스토리 말이다. 그런데 선조들은 잘 짜인 이야기 대신 매일의 일상을 실록으로 남겼다. 왜 굳이 그래야 했을까?

종종 잊고 있지만 세조에게는 14년이라는 짧지 않은 통치 기간이 있었다. 그 기록을 읽다 보면 세조를 하나의 잣대로 평가하는 일이 불가능하다는 것을 알게 된다. 사건들은 매번 다르게 전개되고, 사람들은 매 순간 변화하기 때문이다. 나쁜 사람이 줄곧 나쁘거나, 훌륭한 사람이 줄곧 훌륭한 일은 일어나지 않는다. 그래서 실록은 누군가를 선과 악으로 구별하는 방식으로는 읽어 낼 수 없다. 사건이 일어난 맥락을 살피고, 그 사건이 개개인에게 경험되는 방식을 세밀히 살펴야 한다. 그랬다. 선조들이 실록을 남긴 이유는 하나의 잣대로 역사를 평가하라는 것이 아니라, 내 하나의 잣대를 여러 개로 늘려 가라는 의미였다. 선악시비를 밝히는 심판자의 태도가 아니라 상황과 맥락 속에서 이해하는 비판자의 태도를 가지라는 의미이기도 했다.

2. 준비된 왕, 강한 나라를 꿈꾸다

『세조실록』을 읽는 동안 내 하나의 잣대에도 금이 갔다. 찬탈자는 찬탈자일 뿐이라는 단호함이 무뎌지면서 세조를 이해할 다른 맥락들이 눈에 들어오기 시작한 것이다. 그때 내 눈에 들어온 것이 세조의 불덩이 같은 신체다. 세조의 신체는 남달랐다. 비바람 치는 추운 날에 홑겹의 옷을 입고도 몸이 불덩이처럼 뜨거웠다. 뿐인가? 말타기와 활쏘기는 태조 이성계에 버금간다는 소리를 들었고, 그 뜨거운 신체만큼 다방면에 재주도 많았다. 세종은 그런 둘째 왕자에게 일찌감치 정무를 맡겼고 세조는 그 일을 잘 해냈다. 이 일련의 과정이 의미하는 바는 분명하다. 30대의 수양은 누구보다 준비된 왕이었다는 사실, 그리고 그 재능을 미치도록 펼치고 싶어 했다는 것.

세조는 즉위하자마자 세종 때 폐지됐던 환구단을 다시 세우고 직접 환구제를 지냈다. 환구제를 지낸다는 것은 특별한 의미를 갖는다. 제후국에서는 지낼 수 없는 천자의 제사이기 때문이다. 조선은 명나라의 제후국을 자처했다. 감히 세상의 중심으로 나설 수 없었다는 얘기다. 그런데 세조는 하늘의 호천상제, 땅의 황지기와 함께 우리 태조를 인간의 대표로 제사 지냈다. 이는 일개 제후국의 왕을 황제의 지위까지 높인 파격 사건이다. 이 지점에서 우리는 세조가 꿈꾼 나라가 어떤 나라였는지 어렴풋이 짐작할 수 있다. 세조는 조선을 강하고 풍요로운 나라, 세상의 중심으로 세우고 싶었던 것이다.

세조는 조선의 문물에 대한 자부심이 대단했다. 아버지 세종의 과학, 음악, 출판 사업에 직접 참여하면서 얻은 자신감이었다. 한편, 당시 명나라 황제 정통제는 몽골에 포로로 붙잡혀 가 있었다. 아홉 살의 나이에 왕위에 올라 환관들에게 휘둘리다 당한 치욕이었다. 세조는 단종 즉위년 명나라에 사신으로 가서 그런 명나라의 정치 현장을 직접 보고 겪었다. 그때 세조는 무슨 생각을 했을까? 나라의 안정은 힘에서 나오고, 그 힘은 왕이 세상의 중심으로 우뚝 섰을 때 가능하다고 생각하지 않았을까? 그리고 명나라에서 돌아온 바로 그해, 세조는 계유정난을 일으켜 권력을 장악했다.

3. 세조의 몸으로 뛰는 현장 정치

큰 꿈을 꾼 만큼 세조는 부지런히 일했다. 세종과 세조의 정치 방식은 달랐다. 세종이 토론하고 수렴하는 기획형이었다면, 세조는 몸으로 뛰는 현장형이었다. 개간이 필요하다 생각하면 들판으로 나갔고, 훈련에 나가서는 군사들을 직접 통솔했다.

세조는 탁상공론을 일삼으며 실무를 뒷전으로 미루는 사대부들을 '썩어 빠진 유생'이라고 경멸했다. 그럴 만도 했다. 당시 조선은 건국 70년째에 접어들고 있었다. 개혁을 주도하던 사대부들은 어느새 백성 위에 군림하는 특권세력이 돼 있었고, 백성들의 봉양을 당연하게 받아들였다. 세조는 그런 사대부들을 내버려 두지 않았다. 그래서 세조의 조정에서는 한가로이 무위도식하는 관리가 버텨 낼 수 없었다. 생각해 보자. 빽빽한 예산표에서 오류를 찾아내고, 분판을 옆에 두고 실무를 챙기는 왕 앞에서 농땡이가 가

능할 리 없지 않은가? 천하의 한명회조차 세조의 조정에선 개간지를 일구고, 변경의 여진족을 방어하며 부지런히 뛰어다녔다.

나는 세조의 차별성이 여기에 있다고 생각한다. 몸으로 뛰는 현장 정치. 아버지 세종은 성리학적 이상을 조선 정치에 제도적으로 구현했다. 그러나 법전은 적용하기에 번거로웠고, 백성들은 유교적 풍속을 낯설어했다. 제도는 훌륭했지만 아직 뿌리내리지 못했던 것이다. 대군 시절부터 정치 현장을 누볐던 세조는 '현장'의 중요성을 알았다. 제아무리 좋은 제도도 백성들의 삶에 스며들지 않으면 번거로운 제약일 뿐이었다. 그래서 세조의 정치는 백성들의 삶을 정조준하고 있다. 군역의 공정한 부과를 위해 호적을 정리했고, 실전에 적용하기 쉽게 법전을 정리했다. 무엇보다 신경 쓴 건 개간이다. 저수지를 관리하고, 농우農牛를 시험하면서, 종친을 앞세워 개간을 독려했다. 덕분에 나라의 곳간은 가득 찼다. 이 말은 백성의 곳간도 가득 찼음을 뜻한다. 훗날 세조의 손주 성종이 맞이하는 조선의 봄날은 세조가 채워 놓은 이 곳간에서 시작됐다 해도 과언이 아니다. 세조는 바라던 대로 풍요롭고 강한 나라를 만들었다.

4. 찬탈자의 시대를 물려받은 예종

세조의 정치는 여러모로 훌륭했다. 성군이라고까지는 할 수 없지만 명군의 시대라고는 할 만했다. 그런데 어쩐 일인지 우리는 그 시절을 태평성대로 기억하지 않는다. 이유는 짐작한 대로다. 세조의 시대는 수백의 목숨과 피 위에 세워졌기 때문이다.

세조는 조선을 강하고 풍요로운 나라로 만들고 싶었고, 그렇게만 된다면 왕위 찬탈자라는 허물은 쉽게 잊혀질 것이라 생각했다. 그러나 세조가 간과한 것이 있다. 결과와 과정은 분리될 수 없다는 것, 결국 결과는 과정의 산물이라는 사실을 말이다. 아무리 풍요로워도 세조의 시대는 여전히 찬탈자의 시대였다. 찬탈자의 시대라는 건 단순히 찬탈자의 지배를 받는다는 의미가 아니다. 더 무서운 건 사람들의 마음에 자라나는 '찬탈'의 욕망이다. 사람들은 세조를 보면서 새로운 욕망에 눈을 떴다. 힘으로 권력을 차지할 수 있다는 자각, 원하는 것을 얻기 위해 인륜도 저버릴 수 있다는 탐욕. 찬탈자의 시대를 산다는 건 이처럼 배반의 씨앗을 품은 사람들과 함께 살아간다는 걸 의미한다. 서로를 믿지 못하는 불신의 시대, 그것이 찬탈자가 만드는 시대의 본질이다.

세조는 백성의 마음을 얻기 위해 무던히도 애썼지만 흉흉한 민심은 가라앉지 않았다. 벗과 수령을 모함하는 사람들이 속출했고, 반란이 잇따랐다. 공신들과의 관계도 마찬가지였다. 세조와 공신들은 의리와 의심 사이에서 위태로운 줄타기를 계속했다. 어찌 보면 당연한 일인지도 모른다. 세조 자신이 누군가를 배신한 당사자였고, 대신들은 세조의 즉위에 대한 지분이 있었다. 세조는 불안했고 대신들은 불만족했다. 세조는 자신이 만든 '왕위 찬탈'이라는 사건을 누구보다 지독하게 겪어야 하는 존재이기도 했던 것이다.

열아홉 살 예종이 물려받은 세상은 이처럼 의심과 불안의 시대였다. 예종은 즉위 두 달도 못 돼 남이의 반란을 겪어야 했고, 크고 작은 고변이 날아들었다. 공신들의 기세는 더 등등했다. 세조를 왕위에 올린 공신들은 원상院相이란 이름으로 국사를 총괄하며 예종을 위협했다. 예종의 재위 기간은 13개월이다. 왕으로서 위엄을 갖추기 위해 분투했지만, 그의 재위는 너무 짧았다.

5. 『낭송 세조·예종실록』을 엮으며

앞서 말했듯이 실록을 읽는다는 건 선악의 이분법을 넘어 사람과 시대를 이해하는 일이다. 내가 『세조실록』을 읽는 과정도 그랬다. 실록을 읽기 전 세조는 나와는 전혀 상관없는 타자였다. 요즘 시대에 찬탈자가 있을 리도 만무하지만, 나에게는 세조와 같은 야심이 없다고 생각한 것이다. 그런데 실록을 통해 본 세조의 모습은 나와 크게 다르지 않았다. 남 위에 군림하려는 자기성취욕이나, 차례를 생략하고 목적지만 바라보는 조급함이 그랬다. 세조의 왕위 찬탈은 예외적 인물의 악행이 아니라 내 마음에 요동치는 욕망의 일부였다.

이렇게 보면 실록을 읽는다는 건 먼 과거가 아니라 내 눈앞의 현실을 읽는다는 뜻이기도 했다. 그리고 그 이야기는 각자가 서

있는 위치에 따라 모두 다르게 읽힌다. 방대한 서사 속에서 만나는 지점이 모두 다르기 때문이다. 그래서 실록은 드라마를 보는 것보다 재미있다. 내 눈앞의 현실을 담고 있기에 흥미진진하다.

그래서 『낭송 세조·예종실록』은 되도록 원문을 충실하게 번역하려고 노력했다. 독자들도 각자 자신만의 『세조실록』과 『예종실록』을 만나기를 바라기 때문이다. 하지만 우리에게는 570년의 시간 차이가 있다. 언어와 사고방식이 전혀 다르다. 때문에 낯선 언어들은 현대의 언어로 바꾸기도 하고, 간혹 이해하기 어려운 설명이나 비유는 생략하기도 했다.

또 하나, 실록은 그날그날 일어난 일을 일지 형식으로 기록해 놓았다. 전혀 이질적인 사건이 함께 실려 있기도 하고, 앞뒤 설명 없이 한 줄의 사건이 툭 던져지기도 한다. 해서 때로는 기사의 일부를 발췌하기도 하고, 때로는 여기저기 흩어진 기사를 한곳으로 모으기도 했다. 간혹 기사 하나가 너무 길고 자세한 경우도 있다. 이런 경우에는 임의로 문단을 나누고 소제목을 붙였다. 앞뒤 설명이 필요한 부분은 설명하는 문구를 추가한 경우도 있다. 낭송집만 읽고도 맥락을 이해할 수 있게 하려는 고육지책이니 이해를 바랄 뿐이다.

『낭송 세조·예종실록』은 크게 9부로 구성되었다. 세조 시대를 이해하는 8가지 키워드에 『예종실록』을 더했다.

1부에서는 재주 많고 꿈도 많았던 수양대군 이유李瑈를 만날 수 있다. 훗날 찬탈자가 되는 수양대군을 이해하는 입구가 되는 장이다. 대군 시절의 면모를 보여 주기 위해 세종, 문종, 단종 대의 기사도 함께 실었다.

2부는 세조가 왕위에 오르는 시점부터 단종을 살해하기까지 약 3년간의 기록을 실었다. 사실 단종과 세조의 관계를 이야기하려면 계유정난을 이해해야 한다. 계유정난은 단종 1년 10월 10일, 수양대군이 당시 영의정이던 김종서의 머리를 철퇴로 내리치고 국가 권력을 장악한 사건을 말한다. 그러나 계유정난은 곧 출간될 『낭송 문종·단종실록』의 몫이다. 이번 낭송집은 실록의 편찬방식에 따라 왕의 개인사보다는 통치 기간을 우선시하기 때문이다. 계유정난 이후 수양대군은 바로 왕위에 오르지 않고 2년간 영의정으로 국정을 총괄했는데, 그것 또한 『낭송 문종·단종실록』에서 만날 수 있을 것이다.

이 불안한 상황은 단종 3년 윤6월 11일에 끝이 난다. 이날 영의정 수양대군은 단종에게 금성대군과 혜빈 양씨를 역모죄로 처벌하라 상소를 올린다. 금성대군은 대표적인 단종 지지파였고, 혜빈 양씨는 세종이 직접 지정한 단종의 보모였다. 이들의 처벌을 요청한다는 것은 명백한 협박이었다. 왕위를 내어놓지 않으면 측근들을 모두 죽이겠다는 협박. 결국 이날 단종은 세조에게 왕위를 물려주고 자신은 창덕궁의 상왕으로 물러난다. 2부는 바로 여기 단종의 선위로부터 시작한다.

3부와 4부에서는 세조가 꿈꾸고 만들어 간 조선의 이야기다. 3부는 강한 나라를 향한 세조의 꿈과 제도적 정비를, 4부는 몸으로 뛰는 현장 정치의 실상을 보여 준다. 특히 4부에서는 백성을 위해 불철주야 뛰어다니는 부지런한 왕 세조를 만날 수 있다. 세조는 백성들의 피땀인 공물을 줄이기 위해 국가재정을 정비하고, 도롱이만 걸친 채 재난 현장으로 뛰어나간다. 틈틈이 의약론을 저술하고, 『주역』에 토를 달아 책으로 편찬하는 등 학문에도 열심이다. 조선 어느 임금과도 달랐던 파격적인 세조의 정치를 확인할 수 있는 장이다.

5부에서는 세조와 그의 신하들에 대한 이야기를 나눈다. 재상들의 면모를 보면 그 왕의 정치 스타일을 알 수 있다. 세조의 신하들은 하나같이 전형에 갇히지 않은 실무형 인재였다. 훗날 간신이라 불리는 한명회나 유자광조차 열심히 뛰어다니며 일했다. 형식에 얽매이지 않았던 세조의 신하답다. 그런데 5부에서 특별히 강조한 게 하나 더 있다. 의리와 의심 사이를 오가는 세조와 신하들의 관계다. 각 시대마다 임금과 신하들이 맺는 관계는 다르다. 태조는 충성과 의리로 똘똘 뭉쳐 서로를 보완했다면, 세종은 묻고 토론하는 동반자적 관계를 유지했다. 반면 세조와 신하들의 관계는 의리와 의심, 그 언저리를 끊임없이 맴돈다. 배신과 불신으로 쌓아 올린 권력자들의 심리를 엿볼 수 있는 장이다.

6부는 인간 세조에 대해 다루는데, 세조에 대해 갖고 있던 선

입견이 크게 깨지는 곳이다. 보통 권력을 거머쥔 왕이 밟는 수순은 주색잡기이다. 그런데 세조는 조선 최고의 아내 바보였다. 오직 중전만 바라보면서 즉위 후 단 한 명의 후궁도 들이지 않았다. (즉위 전에 첩으로 들였던 근빈 박씨와 덕중이 있었다.) 게다가 대신들과 정사를 보거나 군대를 사열할 때도 중전과 동행한다. 실록을 읽다 보면 알게 되는데, 중전이 이토록 많이 언급되는 시대는 없다. 한 가지 더, 6부에서는 죽음을 앞둔 세조의 심경 변화를 확인할 수 있다. 세조는 죽기 직전 자신의 손에 죽어 간 역적들의 가족을 노비 신분에서 풀어 준다.

7부는 특별히 그 시대의 여성들을 다뤘다. 왜 하필이면 여성을 따로 묶었느냐고 물을지 모르겠다. 세조 시대에는 정쟁으로 목숨을 잃은 사람이 수백이고, 또 그에 연루되어 귀양길에 오른 사람이 수백이다. 전쟁 혹은 정쟁으로 남성들이 부재한 상황이 될 때, 그 사회는 여성의 힘으로 움직이게 된다. 그래서일까? 세조 시대의 여성들은 그 어느 시대보다 씩씩했고, 세조는 그런 여성들에게 관대했다. 특별히 나는 7부에 역적의 아내와 딸들에 대한 기록을 첨부했다. 남성 서사의 여담이 아닌, 자신의 삶을 꿋꿋하게 살아간 여성들의 면모를 조금이나마 알게 되길 바라는 마음이다.

8부는 세조의 아들 예종의 시대를 다뤘다. 예종은 세조의 둘째아들이다. 세조의 맏아들 의경세자가 죽자 여덟 살의 나이로 세자가 됐고, 11년간 세자교육을 받았다. 하지만 그의 재위 기간은 단 13개월에 불과했다. 세조 말년, 조선의 정국은 뒤숭숭했다. 세조의 건강은 걷잡을 수 없이 악화됐고, 여기저기서 반란이 일어났다. 예종이 물려받은 세상은 다시 왕권이 약해지고 공신들의 위세가 등등하던 시기였다. 예종은 공신들의 위세를 누르고자 전력투구했지만, 고질인 족질(발병)이 덧나 끝내 사망한다.

9부는 세조·예종 시대의 여러 가지 풍속을 다뤘다. 이 시대는 농업생산량이 급증하던 때로, 나라 안팎에 풍요로운 기운이 넘실댔다. 게다가 세조는 어느 왕보다 자유분방했다. 덕분에 도성의 거리는 흥겹게 노래 부르는 백성들이 넘쳐났다. 신분을 뛰어넘어 당상관에 오르거나 거부가 된 사람도 속출한다. 9부에서는 전성기를 향해 가는 조선 저잣거리의 역동적 분위기를 만날 수 있다.

* * *

'조선왕조실록 세미나'가 시작된 지 어느새 10년이 넘었다. 태조 이성계가 전장을 누비던 장수 시절까지 포함하면, 총 13명의 왕에 대한 200여 년의 기록을 읽어 나가는 중이다. 그 10년 동안 실록에서 많은 사람을 만났다. 전장의 호랑이 이성계를 만났고, 야심만만한 세조도 만났다. 그러나 가장 소중한 만남은 지난 10년간 실록을 함께 읽어 온 도반들이다. 그중에는 10년을 오롯이 함께한 도반도 있고, 몇 개월 짧은 인연을 맺은 사람도 있다.

그분들이 없었다면 한결같이 즐거운 마음으로 조선왕조실록을 읽어 오지는 못했을 것이다. 늘 감사하고 소중한 마음이다. 그리고 지산씨에 대한 인사를 빼놓을 수 없다. 늘 새 길을 열어 주시는 길잡이시다. 도무지 엄두를 내지 못하던 작업을 끝까지 마무리할 수 있게 기운을 북돋아 주셨다. 그리고 늘 응원해 주는 사이재 식구들에게도 고마운 마음을 전한다.

一 • 재주 많은 둘째 왕자

1-1. 불덩이 같은 신체

문무를 겸비한 세종의 둘째아들

세조世祖 혜장惠莊대왕의 이름은 이유李瑈이고, 자字는 수지粹之이다. 세종 장헌대왕과 소헌왕후 심씨의 둘째아들로, 영락 정유년태종 17년, 1417에 장의동 본궁세종이 대군 시절에 살던 사저에서 태어났다. 세종 10년에 진평대군晉平大君에 봉해졌고, 이후 함평대군咸平大君, 진양대군晉陽大君, 수양대군首陽大君으로 고쳤다. 부인은 증영의정부사 윤번尹璠의 따님인 자성왕대비慈聖王大妃: 정희왕후이시다.

수양대군은 어린 시절 민간에서 자랐으므로 백성들의 사정에 밝았고, 재능과 도량이 성숙해 다섯 살에 『효경』孝經을 외웠다. 활 쏘는 얘기, 말 타는 얘기를 들으면 남몰래 좋아했고, 늘 활과 화살을 지니고 다녔다. 또 매 날리기를 좋아해 매 한 마리를 얻으면 늘 손에서 놓지 않았다. 타고나기를 공손하고, 예의 바르고, 충성스럽고, 효성스럽고, 우애로웠다. 인仁을 좋아하고 의義에 힘썼으며, 소인을 멀리하면서도 미워하지 않았고, 군자를 가까이하면서도 사사로이 대하지 않았다. 문학, 활쏘기, 말타기는 동서고금에 비할 사람이 없었고, 천문학曆學, 수학算學, 의학, 음악, 점술, 예술에 빼어났다. _ 세조 총서

폭이 넓은 옷을 입고 천천히 움직여라

세종이 교외에 나가 사냥하는 것을 구경했는데, 수양대군이 말달려 오는 것을 보고 문종당시 세자에게 말하였다.

"수양은 참으로 날래고 용맹하구나."

수양대군은 항상 큰 옷을 입고 다녀서 궁궐 사람들이 볼 때마다 웃곤 하였다. 하지만 세종은 말하였다.

"너처럼 성격이 날래고 용맹을 좋아하는 사람은 옷을 크게 입는 것이 좋다."

이는 넉넉한 옷을 입고 다니면 급한 성질을 고칠 수 있을 것으로 생각해서 한 말이었다. _ 세조 총서

한겨울에도 홑겹의 옷을 입다

세종 16년 2월에 강원도 평강에서 강무講武: 군사훈련으로서의 수렵대회를 했는데, 날은 차고 비가 내린 뒤라 사나운 바람까지 불었다. 사람들은 모두 가죽옷 안에 솜옷을 세 겹씩 겹쳐 입었고, 귀를 가리고 모자를 쓰고도 추위에 벌벌 떨었다. 그러나 수양대군은 홑겹의

옷을 입고 팔뚝을 걷어붙였는데도 손이 불덩이처럼 뜨거워서 보는 사람들이 남다르게 여겼다. _ 세조 총서

회오리바람처럼 산에 오르다

세종 22년1440년 10월에 세종이 직접 규표圭表: 천문관측 기계를 제작하고 수양대군과 안평대군에게 북한산 보현봉에 올라가서 해가 지는 곳을 관찰하게 하였다. 그런데 산봉우리가 만길 높이로 아득하고, 바위로 된 비탈길이 가파르고 험하여 말을 타고 올라갈 수가 없었다. 사람들이 모두 말에서 내려 걸어 올라가는데, 수양대군은 활과 화살을 가지고 산을 오르면서도 마치 회오리바람처럼 빨라서 아무도 따라갈 수가 없었다. 백운계곡으로 내려올 때도 다른 사람들은 정신이 어지러워 어수선하게 엎어지고 넘어졌지만, 수양대군은 마치 평탄한 길인 것처럼 뛰어 내려왔다. _ 세조 총서

태조를 닮으셨습니다

세종 17년1435년 2월에 세종이 평강에서 강무를 하였다. 이때 수양대군이 화살 16발을 쏘아 사슴 16마리를 맞혔는데, 화살 깃에 묻은 피가 바람에 날려 대군의 옷을 붉게 물들였다. 늙은 무사 이원기李元奇와 김감金敢 등이 울면서 말하였다.

"마치 태조를 다시 뵙는 것만 같습니다."

세종과 문종도 매번 대군의 활 솜씨를 칭찬하였다. _ 세조 총서

일부러 노둔한 말을 타다

세종 21년1439년 윤2월에 세종이 평강에서 강무를 하였다. 이때 사슴 9마리가 함께 달려갔는데, 수양대군이 그중 6마리를 쓰러뜨렸다. 또 5마리의 사슴이 함께 내려오자 그중 4마리를 쓰러뜨렸고, 세종과 문종이 그 솜씨를 칭찬하였다. 이날 수양대군이 한 번의 채찍질로 6마리의 짐승을 한꺼번에 잡은 것이 두 번이나 되었고, 5마리를 한꺼번에 잡은 것도 서너 번이었다. 또 달아나던 사슴이 말 위를 뛰어넘자 수양대군이 위를 쳐다보고 화살을 관통시켰는데, 이런 일이 두 번이나 있었다. 다음 날 귀화한 여진인 마변자馬邊者가 말하였다.

"어제 수양대군이 쏜 짐승이 대략 68마리인데, 미처 헤아리지 못한 짐승이 얼마나 더 있는지 알 수 없습니다."

수양대군은 이번 행차에서 자신의 용맹함을 보이고 싶어서 일부러 느리고 굼뜬 말을 타고 노루를 쫓았다. 그러다 말이 수십 번 넘어졌는데, 대군은 재빨리 말에서 빠져나와 땅 위로 우뚝 섰다. 몰이하던 성달생成達生이 이를 보고 말하였다.

"장수 곽승우郭承祐는 수레 덮개를 던질 만큼 힘이 세지만 넘어지는 말에서 뛰어내려 우뚝 설 수는 없다. 수양대군은 번번이 말에서 뛰어내려 우뚝 서니 어찌 신기하지 아니한가?" _ 세조 총서

1-2. 문장과 예술에 뛰어난 왕자

학문에 정통한 대군

세종이 수양대군에게 송나라의 음악 이론서인 『율려신서』律呂新書* 를 읽으라고 명하였다.

"음악을 정밀하게 하는 일은 큰일이니, 네가 힘써야 한다."

이에 수양대군이 『율려신서』를 날이 부족한 것처럼 읽으면서 사람들에게 말하였다.

"학문은 모름지기 어려운 곳에서 내공이 드러난다. 음악과 역법 曆法: 천문과 수리의 이치란, 깊이로 말하자면 지극히 깊어서 안이 없는 것과 같고, 크기로 말하자면 지극히 커서 바깥이 없는 것과 같다. 하여 오직 성현만이 능히 해낼 수 있는 일이다."

세종이 문종과 함께 역법을 논하면서 말하였다.

* 1187년 송나라 채원정(蔡元定)이 지은 음악서. 책 내용이 너무 어려워 당시 조정에서 능숙하기 통달한 사람이 드물었다고 한다.

"역법은 깊이 음미하며 익혀야 하니, 수양대군에게 맡기면 해낼 수 있을 것이다. 대군은 배움에 능통한 사람이다." _ 세조 총서

천하의 서적을 다 읽겠다

수양대군이 문학을 좋아한다고 하여 세종이 직접 『자치통감』資治通鑑을 내려 주었다. 당시 대군은 고금의 경서와 역사서를 다 보았는데, 특히 성리학에 능통하였다. 대군이 늘 말하였다.

"천하의 책을 다 보지 않고서는 내 다시 활을 잡지 않겠다." _ 세조 총서

금속활자, 갑인자를 쓰다

세종이 지중추원사 이천李蕆을 불러 의논하였다.

"태종께서 처음 주자소를 세워 큰 활자를 만드실 때 대신들은 한결같이 하기 어려운 일이라 반대하였다. 하지만 태종께서 굳게 고집해 활자를 만드시고 많은 책을 인쇄해 나라 안팎에 보급하셨다. 참으로 위대한 일이다. 그러나 처음 만들어진 활자라 만듦새가 정밀하지 못하였다. 인쇄할 때마다 판 아래에 밀랍을 펴고 그 위에 활자를 심었는데, 원래 밀랍의 성질이 부드러워 활자가 고정되지 않고, 겨우 두어 장만 인쇄해도 글자가 쏠리고 삐뚤어졌다. 내가 이 폐단을 염려해 일찍이 경에게 고치라고 명하였더니 경 또한 이를 어렵게 여겼다. 그래도 내가 고집하자 경이 지혜를 내어 새

로 활판을 만들고 활자경자자(庚子字)를 주조해서 모두 바르고 견고하게 되었다. 밀랍을 쓰지 않아도 되고 여러 번 인쇄해도 활자가 비뚤어지지 않으니, 내가 매우 흡족하다. 이제 대군들이 활자를 조금 크게 만들자고 청하고 있다. 최근 여진을 정벌하는 문제로 동이나 철을 쓸 일이 많다. 또 대장장이들이 곳곳에 흩어져 있어 번거로운 일이기도 하다. 하지만 이 일도 하지 않을 수 없다."

세종이 이천에게 일을 맡기고 경연청에 있던 『효순사실』孝順事實·『위선음즐』爲善陰騭·『논어』 등을 표본으로 삼아 새로 활자를 만들라고 명하였다. 부족한 글자는 수양대군에게 다시 쓰도록 해서 금속활자 20여만 자갑인자(甲寅字)를 만들었다. 이로써 하루 40장의 종이를 인쇄하게 됐는데, 글자체가 바르고 깨끗했으며, 일하기가 이전보다 두 배는 수월해졌다. _ 세종 16년(1434) 7월 2일

세종이 음악의 일을 맡기다

세종이 승정원에 말하였다.

"이제 새로 만든 신악新樂은 비록 아악雅樂: 제례악으로는 쓸 수 없겠지만, 우리 선대 왕들의 공덕을 형용한 것이어서 폐할 수는 없다. 의정부와 관습도감에서 함께 살펴보고, 사용 여부를 말해 주면 내가 봐서 보태거나 덜어낼 것이다."

세종은 음률을 깊이 깨우쳐서 신악의 가락과 장단을 모두 제정하였다. 막대기를 가지고 땅을 치며 음절을 만들었는데, 하룻저녁

에 완성하였다. 수양대군 역시 음악과 소리에 통달하였기에 세종이 명해 그 일을 관장하게 하였다. 이에 수십 명의 기생을 거느리고 때때로 궁궐에서 새 음악을 익혔다. 신악의 춤은 칠덕무七德舞*를 모방한 것으로 활과 화살, 창과 검으로 찌르고 베는 모습을 모두 담았다. _세종 31년(1449) 12월 11일

자타공인 음악의 달인

세종 11년1429년 9월, 세종이 수양대군과 안평대군 그리고 임영대군에게 음악을 배우게 하였다. 안평대군은 화려한 것을 좋아하였고 임영대군은 원래 음악에 밝았기에 모두 기꺼이 배웠다. 하지만 수양대군은 말 타고 활 쏘러 다니면서 날마다 무인들과 힘을 겨루었는데 능히 대군을 이길 만한 사람이 없어 세종과 문종이 칭찬하였다.

수양대군은 세종이 거문고를 타는 것을 듣고서 크게 기뻐하며 음악을 배우기 시작했다. 어느 날 세종이 세 대군에게 향금鄕琴을 타 보라고 하였다. 그런데 수양대군은 따로 배우지 않았는데도 안평대군이 따라가지 못하여서 세종과 문종이 크게 웃었다. 또 수양대군이 일찍이 가야금을 타니 세종이 감탄하며 말하였다.

"수양의 기상이라면 무슨 일인들 이루지 못하겠는가? 만일 비

* 중국 당나라 태종의 무공(武功)을 기리는 춤. 모두 일곱 가지 덕목으로 구성돼 있다.

파를 탄다면 쇠약한 기운도 다시 솟게 할 것이다."

또 한번은 수양대군이 피리를 불었는데 자리에 있던 종친들이 감탄해 마지않았다. 학이 날아와 뜰 안에서 춤을 추었고, 나이 어린 금성대군당시 4세도 홀연히 일어나 학과 마주 서서 춤을 추었다.

일찍이 어느 달밤에 수양대군이 악공 허오許吾를 가르쳐 계면조界面調*로 피리를 불게 하였는데, 이를 듣고 슬퍼하지 않는 사람이 없었다. 안평대군이 수양대군에게 물었다.

"음악은 슬프지만 지나치지 않은 것哀而不傷을 귀하게 여깁니다. 그런데 형님은 어째서 슬픈 계면조를 쓰십니까?"

"옛날 진陳나라의 진숙두陳叔寶는 옥수후정화玉樹後庭花**라는 음란한 음악을 듣다가 망하였다. 하지만 당나라 태종은 같은 음악을 듣고도 성군이 됐다. 너는 음악으로 두견새의 울음을 멈추게 할 수 있는가?"

세종이 문종세자에게 말하였다.

"우리나라에서 음악을 아는 사람은 오로지 수양대군뿐이다. 이전에도 이후로도 없을 것이다."

어떤 사람이 수양대군에게 음악의 궁극적인 효험을 물으니 대

* 국악의 대표적인 음조로 슬프고 애타는 음조다. 서양 음악의 단조와 비슷하다. 당시 사관은 '중국의 우조를 보통 계면조라고 부른다'(羽調俗謂之界面調)라는 주석을 달았다.

** 진(陳)나라 후주(後主) 진숙두가 연회를 베풀 때 쓰던 노래. 남녀의 감정을 고조시키는 음란한 곡이다.

답하였다.

"음악은 고요한데도 끌어당기고, 약한데도 강한 것을 이기며, 비천한데도 함부로 침범하지 못한다. 태극을 보존하고, 지극한 도를 품고서 조화를 운용하는 것, 그것이 음악이다." _ 세조 총서

1-3. 세종과 문종의 정치 조력자

한글 창제의 조력자

세종이 집현전 교리 최항崔恒, 부교리 박팽년朴彭年, 부수찬 신숙주申叔舟 등에게 명하여 청사에 나가 언문한글으로 『운회』韻會를 번역하게 하였다. 또 세자문종, 수양대군, 안평대군에게 그 일을 관장하게 했는데, 대군들은 세종께 모든 것을 아뢰고 재가를 받았다. 이에 세종이 상을 거듭 내렸고, 음식도 넉넉하게 내려 주셨다. _ 세종 26년(1444) 2월 16일

토지조사를 맡길 만한 인재

세종 25년1443년 11월, 세종이 토지에 등급을 매겨 세금을 균형 있게 부과하고자 하였다. 이에 공법貢法 제정에 심혈을 기울였는데, 토지를 조사할 적임자를 찾을 수 없었다. 이에 대신들과 의논해 장차 수양대군을 전제상정소田制詳定所의 책임자로 삼기로 하고, 세자문종에게 말하였다.

"내가 수양대군을 전제상정소의 제조로 삼으려 한다."

다시 수양대군에게 말하였다.

"이처럼 큰일은 네가 주관하여야 한다." _ 세조 총서

세종과 문종을 대신한 사신 접대

세종이 명나라 사신을 전송하기 위해 태평관에 행차했는데, 가마에서 내려 방으로 들어가서 도승지 신인손辛引孫에게 말하였다.

"내가 궁중에 있을 때부터 몸이 좋지 않았지만 예법대로 전송하는 잔치를 베풀 수 있을 것이라 생각하였다. 그런데 지금 도착해 보니 허리와 등이 뻣뻣하게 굳어서 몸을 움직이기가 힘들다. 지난해 사신이 돌아갈 때도 나와 세자가 모두 아파서 수양대군에게 전송 잔치를 대신하게 하였다. 이번에도 또한 그때처럼 수양대군에게 잔치를 대신하게 하려고 한다. 앉는 자리의 차례는, 사신은 남쪽을 향해 앉고 대군은 서쪽을 향해 앉는 것이 어떠한가? 의정부와 육조가 함께 논의하라." _ 세종 17년(1435) 4월 1일

오랑캐 다루는 법을 조언하다

임금이 된 문종이 수양대군과 함께 국사를 논의하였다. 당시 귀화한 여진인들이 한양에 많이 살고 있었는데, 하는 일 없이 녹봉만 받는 자들이 많았다. 이에 나라의 여론이 이들을 추려서 다시 고향으로 돌려보내자고 하였다. 수양대군이 문종께 아뢰었다.

"이는 조선에 귀화하려는 여진인들의 마음을 저지하는 것이니, 멀리 보는 계책이 아닙니다. 오랑캐를 제어하는 방법은, 일을 시킬 때는 힘을 다 쓰도록 하고, 거처하는 곳은 편안하게 해야 합니다. 그렇게 한다면 하는 일 없이 녹봉만 받는 오랑캐들은 저절로 사라질 터이니 무슨 근심이 있겠습니까? 힘을 다 쓰도록 일을 시키면 기운이 다스려지고, 거처하는 곳이 편안하면 마음이 안정됩니다."

문종이 말하기를 "그렇겠구나" 하였다. _ 세조 총서

문장과 병법에 모두 능하다

문종이 수양대군에게 『병요』兵要에 주석을 달라고 명하였다.

"수양의 필력이라면 반드시 좋은 책이 될 것이다."

대군이 대답하였다.

"제게 맡겨진 일이니 최선을 다하겠습니다. 신이 집현전 학자들과 함께 힘쓴다면 잘 만들 수 있을 것입니다."

안평대군이 말하였다.

"수양대군은 문장 짓는 일에 능하니 잘할 수 있을 것입니다."

문종이 말하였다.

"단지 문장에만 능한 게 아니라 병법에도 능하다."

또 수양대군에게 『무경』武經에 주석을 달고, 『음양서』陰陽書도 교정하라고 명하였다.

"나라 안에서 이 일을 맡을 사람은 수양대군 한 사람뿐이다."

문종이 군사상의 일과 국가의 큰일은 반드시 수양대군과 함께 의논하였다. _ 세조 총서

사사로운 청탁을 거절하다

함길도에서 온 최유崔濡가 수양대군에게 말하였다.

"이원기의 아들이 시위대에 계속 근무하고 싶어 하니, 청컨대 이를 주선해 주십시오."

대군이 말하였다.

"인재를 등용하는 것은 임금의 일이지 내가 아뢸 바가 아니다."

당시 어떤 사람이 글을 써서 청탁을 들어 달라 청하면서 말하기를, "이것은 사람들이 모두 하는 일입니다"라고 하였다. 그러자 대군이 웃으며 말하였다.

"나는 남이 하는 일은 하지 않고, 반드시 남이 하지 않는 일을 하는 사람이다." _ 세조 총서

1-4 명나라에서 인정받은 왕재王才

명나라 사신길에 오른 수양대군*

단종 재위 때 수양대군이 부사副使 이사철李思哲과 함께 명나라 사신으로 갔다가 예부의 자문咨文: 외교문서을 가지고 돌아왔다. 단종이 바깥뜰에 있는 장막에서 잔치를 베풀고 사신단을 위로했는데, 양녕대군과 효령대군 등 여러 종친이 참여하였다.

사신단의 질서를 잡다

수양대군이 처음 압록강을 건너 명나라에 들어갔을 때 군사들에게 엄하게 금제禁制를 내렸다. 함부로 사냥하는 것을 금하고, 유숙하는 진영을 정돈하게 했으며, 밤에는 서로 바라보이게 횃불을 올려 처소에서 편안히 지내게 하였다. 이에 사람들이 말하였다.

* 세조는 단종 1년 계유정난 직전, 명나라에 사신으로 다녀온다. 당시 명나라 황제 영종은 달달족의 포로로 잡혀 있었고, 그 아우 대종이 대신 황제의 자리에 있었다.

"다른 재상들은 오히려 이런 일을 소홀히 하는데 지체 높은 대군이 이처럼 마음을 쓰신다."

그러면서 오히려 밤에도 잠을 자지 않고 진영을 지켰다.

하루는 군인 한 명이 중국 민가에서 볏짚을 가져왔는데, 수양대군이 군인에게 매를 때리고, 그 상관에게 '군사를 단속하지 못한 죄'를 물었다. 그리고 역관통역사을 시켜 볏짚을 주인에게 돌려주게 하였다.

담처럼 둘러싼 요동 사람들

수양대군이 요동에 도착해 그곳의 관청인 도지휘사사都指揮使司로 갔다. 사신 행렬이 지나가자 중국인漢人들이 몰려와 담처럼 둘러싸고 구경하면서 말하였다.

"동작 하나하나가 모두 예법에 맞고 풍채도 아름답고 빼어나시다. 진정한 장군이다."

여진인들 또한 곁에서 보고는 '부처다'라고 수군댔다.

요동 도사都司 무영巫英이 사람들이 몰려들어 구경하는 것을 금하였지만 몽둥이를 마구 휘둘러도 막을 수가 없었다. 대군이 연회에 나아갔는데 요동 도지휘사 왕상王祥이 마음속으로 매우 존경하며 지휘관들에게 말하였다.

"너희들이 예법을 안다고 하지만 어찌 왕자를 따라갈 수 있겠는가? 왕자의 행동과 예법이 남다른 것은 어쩌다 한 번 있는 우연이 아니다."

연회가 파하여 돌아오는데 중국인들이 좌우로 따라오며 감탄해 마지않았다.

북경 코끼리도 놀란 대군의 위세

수양대군이 북경에 도착해 표전문황제께 바치는 글과 공물을 바치러 황궁에 갔다. 대군이 처음 육부상서六部尙書: 명나라 외교사절 담당 관청에 들어가서는 한 번 절하고 머리를 숙였고, 그다음 황제 앞에 나아가서는 다섯 번 절하고 머리를 숙였다. 뜰에 있던 사람들이 모두 말하였다.

"조선의 왕자는 본래 귀한 집안의 후손이라 덕망과 현명함이 남다르다. 지금 목방국木方國에서 온 왕의 동생은 더할 나위 없이 평범하다."

수양대군은 회동관명나라에 온 사신들의 숙소에 있으면서 관리들에게 함부로 물건을 교역하지 못하게 하고 출입할 때는 반드시 통솔자와 함께하도록 하였다.

북경에 이르니, 명나라 관리들이 수양대군을 '왕'이라고 부르기도 하고, '전하'라 부르기도 했으며, 혹은 '왕의 대행'이라고 부르기도 하였다. 황궁으로 들어가자 코끼리 여덟 마리가 대군을 보고 잠시 놀라 머뭇거리며 두어 걸음 뒤로 물러났다.

광녕에서 특별한 후대를 받다

수양대군이 돌아오는 길에 광녕廣寧: 지금 중국 요녕성 금주에 도착하니, 태감 송문의宋文義가 자신의 집에서 연회를 베풀었다. 풍악이 울리자 대군이 역관 김자안金自安을 불러 태감에게 말하였다.

"우리나라는 지금 상중문종의 상에 있습니다. 여러 대인의 명을 어기기 어려워 감히 사양하지 못했지만, 풍악을 듣고 있자니 마음이 편치 않습니다. 하물며 공적인 연회가 아니지 않습니까?"

명나라 도어사 구심寇深이 말하였다.

"왕자의 말이 진실로 고매합니다. 그러나 제후국이 상중이라도 황국에 와서는 상례를 행할 수 없습니다. 예법은 진실로 때에 따라 변해야지 구속되어서는 안 됩니다. 또 우리들은 왕자를 후하게 예우하라는 황제의 뜻을 받들었습니다. 그 때문에 연회를 연 것이지 사적인 것이 아닙니다."

술이 두어 순배 돌자 구심이 탁상에 있는 꽃병의 꽃을 가리키며 말하였다.

"수양은 군자이십니다. 소나무, 대나무, 매화는 추위에도 변하지 않는 지조가 있어서 군자에 비유되곤 합니다. 그래서 이 세 가지 꽃을 준비했습니다. 일찍이 대군이 글을 읽으신 군자라고 들었습니다. 지금 직접 뵈오니 친애하고 공경하는 마음이 더욱 깊어졌습니다."

수양대군이 사양하며 말하였다.

"본래 학식이 없는데 그런 칭찬을 감당하기 어렵습니다."

"대군을 뵈니 탁월하게 총명하심을 알겠습니다. 군이 겸손하실 필요가 없습니다."

연회가 끝나고 태감이 대군을 안채로 청하여 간단히 다과를 베풀었다. 또 대군에게 비단 8필을 선물하고, 부사에게 2필, 서장관과 역관에게 각각 1필을 주었다. 또 압마押馬: 사신단의 말을 관리하던 관원 이하의 관리들에게는 소면포 150필을 주었다.

대군이 말하였다.

"이미 연회를 받았는데 어찌 감히 선물까지 받겠습니까?"

태감 송문의가 말하였다.

"명나라 조정에서 왕자를 공경히 대우하고 있으니, 이 또한 조정의 뜻입니다."

수양대군이 말하였다.

"군자는 사람을 덕으로써 사랑하지 재물로 사랑하지 않습니다. 어찌 반드시 선물을 받은 후에야 그 마음을 알겠습니까?"

도어사 구심이 재삼 강요하므로 대군이 부득이하게 선물을 받았다. _단종 1년(1453) 2월 26일

1-5. 세종, 형제간의 우애를 당부하다

세종 32년 정월, 세종이 문종당시 세자과 수양대군을 불러 유언을 전하였다.

"나라를 가진 자는 나라가 망하는 것을 피할 수 없고, 생명을 가진 자는 목숨이 다하는 것을 면할 수 없다. 지금 너희 두 사람에게 당부의 말을 하겠다. 무릇 신하들이란 군주가 죽으면 바로 그날부터 즉시 새 왕의 형제들을 공격한다. 내가 죽는 날에도 너희 형제들의 잘못을 고하는 자들이 필시 많을 것이다. 너희가 내 당부를 잊지 않고 항상 친애하는 마음을 소중히 여긴다면, 외부에서 너희를 이간질할 수 없을 것이다. 만약 부득이하게 형제에게 벌을 내려야 한다면, 두 번 세 번 생각해 형제의 정을 깊이 숙고하도록 하라. 마음을 도려내는 듯 애틋하게 여겨야 한다. 내가 처음 즉위했을 때도 형님인 효령대군 등을 공격하는 사람들이 많았다. 중심을 잡지 않았다면 나 또한 형제들을 보호하지 못했을 것이다. 나는 영응대군이 항상 내 옆에서 밥을 먹게 하였다. 함께 먹고 담소하는 것이 가장 소중한 일이다."

당시 세종이 오랫동안 병석에 있었으므로 모든 일을 반드시 수양대군에게 명하였다. 하여 대군은 항상 궐내에 있으면서 5일간이나 음식을 들지 않았는데, 세종이 조금 회복되자 음식을 들었다. _ 세조 총서

二 · 왕위 찬탈자라는 출발선

2-1. 조카에게 왕위를 물려받은 왕*

단종의 측근을 볼모로 한 협박**

영의정 수양대군이 대궐 빈청에서 여러 대신들과 의논하였다.

"혜빈 양씨, 상궁 박씨, 금성대군, 한남군, 영풍군, 조유례, 성문치 등이 역모를 꾀하고 있다.*** 이들의 일당이 너무 많아 가볍게

* 세조는 단종 1년 계유정난을 일으켜 김종서, 안평대군 등을 제거한다. 이후 2년간 영의정을 지내면서 단종을 대신해 실질적으로 국정을 장악한다. 그러다 2년 후인 단종 3년, 단종의 측근인 금성대군과 혜빈 양씨(세종의 후궁으로, 단종을 양육한 보모) 등이 군사를 모은다며 이들을 처벌하라고 요구한다. 실질적인 선위 요구다. 『세조실록』은 금성대군과 혜빈 양씨의 처벌을 요구하는 영의정 수양대군과 조정 대신의 이야기로 시작한다. 당시 종친들은 각각 단종과 세조 편으로 분열됐는데, 다음과 같이 정리할 수 있다.

▷세조 편: 임영대군(세종의 넷째아들), 영응대군(세종의 여덟째아들) 정의공주(세종의 둘째딸), 계양군(세종의 후궁 신빈 김씨의 아들), 의창군(신빈 김씨의 아들), 밀성군(신빈 김씨의 아들), 익현군(신빈 김씨의 아들), 영해군(신빈 김씨의 아들), 담양군(신빈 김씨의 아들)

▷단종 편: 안평대군(세종의 셋째아들), 금성대군(세종의 여섯째아들), 한남군(혜빈 양씨 아들), 영풍군(혜빈 양씨 아들), 화의군(세종의 후궁 영빈 강씨의 아들)

** 이날 세조는 혜빈 양씨 등을 벌주자며 단종을 압박했고, 이들의 목숨을 구하기 위해 단종은 마지 못해 왕위를 물려준다.

*** 혜빈 양씨는 세종의 후궁이자 단종의 후견인이다. 단종의 어머니 현덕왕후 권씨가 죽자 세종의 명으로 단종과 그 누나 경혜공주를 돌보았다. 단종 즉위 후 궁궐에서 단종을

처리할 수 없겠다."

이에 대신들이 모두 뜻을 모아 단종에게 아뢰었다.

"금성대군은 남몰래 군사를 모으다가 직첩을 빼앗겼습니다. 그런데도 이전의 일을 반성하지 않고, 오히려 은밀히 무사들과 결의하여 그 일당들을 후하게 대접하고 있습니다. 또 혜빈 양씨와 상궁 박씨와 결탁하여 자신을 키워 준 의빈 권씨를 궁궐에 들어가 혜빈궁에 거처하게 하였습니다. 그리고 그 유모 총명을 몰래 왕래하게 하였고, 자신도 직접 드나들었습니다. 또 상궁에게 계집종을 바치고 서로 소통하며 안부도 전했습니다.

금성대군은 한남군, 영풍군, 정종鄭悰: 단종의 누나 경혜공주의 남편과 함께 혜빈 양씨, 상궁 박씨와 결연을 맺었습니다. 이들은 문종 때부터 궁내에서 마구 권세를 부려 왔는데, 그 불법한 일은 이루 다 열거할 수 없을 정도입니다. 또한 정종이 은밀히 혜빈과 금성대군

돕다가 계유정난 이후 아들 영풍군 등과 함께 수양대군에 대적했다. 이날 유배를 떠난 혜빈 양씨는 11월 9일 교수형을 당했다.

상궁 박씨는 단종의 지밀상궁이다. 지밀상궁은 왕을 호위하며 왕의 측근에서 잠시도 떠나지 않는 상궁이다.

금성대군(錦城大君) 이유(李瑜)는 세종의 여섯째아들로 세조의 친동생이다. 안평대군과 함께 단종 편에 선 대군으로, 단종 3년 유배를 떠났다. 세조 3년 반란을 일으켰다 능지처참당한다.

한남군(漢南君) 이어(李玹)는 세종의 서자 중 네번째 왕자로, 혜빈 양씨의 맏아들이다. 영풍군(永豊君) 이전(李瑔)은 혜빈 양씨의 아들이며, 조유례(趙由禮)는 문종의 딸 경혜공주가 어렸을 때 그의 집에서 자랐다. 계유정난 당시 단종의 편에 섰다.

을 섬겨 왔다는 것은 온 세상이 다 아는 일이고, 조유례 또한 그 일당입니다.

신들이 이를 아뢰려고 한 지 오래였습니다. 그들의 기세가 날로 심해지고 있으니 종사의 대계를 생각하십시오. 어찌 사사로운 정으로 공적인 일을 그르치겠습니까? 청컨대 조속히 그 죄를 밝게 처단하십시오."

단종이 이들의 말을 그대로 따라서, 혜빈 양씨를 청풍으로 유배 보내고, 상궁 박씨를 청양으로, 금성대군을 삭녕으로, 한남군을 금산으로, 영풍군을 예안으로, 정종을 영월로 각각 귀양 보냈다. 또 조유례는 파직한 후 의금부에 가두고, 성문치 등은 파직한 후 변방으로 보내 군역을 지게 하였다.

어쩔 수 없는 선택, 단종의 선위

잠시 후, 단종이 환관 전균田畇을 시켜 우의정 등에게 말하였다.

"내가 어려서 나랏일을 잘 알지 못하는 까닭에 간사한 무리들이 은밀히 일어나고 반란의 싹이 종식되지 않는다. 하여 영의정인 수양대군에게 왕위를 넘기고자 한다."

우의정 한확韓確 등이 놀라고 당황하여 아뢰었다.

"이미 수양대군이 나라 안팎의 일을 모두 총괄하고 있습니다. 다시 어찌 왕위를 넘기신단 말입니까?"

환관 전균이 한확의 말을 전하니 단종이 말하였다.

"내가 이전부터 왕위를 넘기려고 마음먹고 있었는데 이제야 결심을 굳혔다. 다시 고칠 수 없으니 서둘러 절차를 밟도록 하라."

한확을 비롯한 모든 대신들은 어명을 거두시라 강경하게 청하였고, 수양대군 또한 눈물을 흘리며 완강히 사양하였다. 환관 전균이 다시 들어가 아뢰었으나 잠시 후 다시 나와 단종의 전교를 선포하였다.

"상서사尙瑞司: 국가 인장을 관리하는 부서는 대보大寶: 옥새를 들이라."

대신들은 서로 얼굴을 쳐다보며 아연실색했는데, 단종이 또 명을 내려 재촉하였다. 이에 동부승지왕명 출납관리 성삼문成三問이 상서사에서 대보를 내어다가 환관 전균에게 주며, 경회루 아래로 받들고 나아가 단종께 올리라고 하였다.

단종은 경회루 아래로 나와 수양대군를 불렀다. 그러자 대군이 달려 들어갔고 승지와 사관史官도 따라 들어갔다. 단종이 자리에서 일어나 섰는데, 수양대군은 엎드려 울면서 강경히 사양하였다. 단종은 자기 손으로 직접 대보를 잡고 대군에게 주었다. 사양하는데도 받아들여지지 않아 수양대군은 여전히 엎드려 있었다. 이에 단종이 명하여 대군을 부축해 나가도록 하였다.

수양대군이 나와서 대군청에 이르니 사복시의 무사들이 양쪽에서 시립했고, 군사들이 주변을 호위하였다. 의정부는 집현전 부제학 김예몽金禮蒙에게 선위禪位: 왕위를 물려줌 교서와 즉위 교서를 짓게 하였고, 담당 관청에 즉위식을 준비하게 하였다. 또 근정전勤

政殿 뜰에 악대樂隊를 준비시켰다.

단종의 선위 교서

수양대군이 익선관에 곤룡포를 입고서 모든 관리들을 거느리고 근정전 뜰에 나아가 왕위를 물려받았다. 단종이 내린 선위 교서는 이러하였다.

"나 소자小子는 국가의 불운한 때를 만나 어린 나이에 보위에 올랐다. 그러나 구중궁궐 깊은 곳에 거처하다 보니 나라 안팎의 사무를 전혀 알지 못했다. 이 때문에 흉악한 무리가 반란을 선동했고 국가에 변고가 많았다. 숙부 수양대군은 충성과 의리를 떨쳐 일으켜, 나를 도와 흉도를 숙청하고 나라를 어려움에서 구제하였다. 그러나 아직도 흉한 무리들이 소멸되지 않아서 변고가 계속되고 있다. 내 부족한 몸으로는 이 큰 어려움을 진정시킬 수가 없다. 종묘와 사직을 보전하는 중책이 사실상 우리 숙부에게 있는 것이다. 숙부는 선왕의 큰동생으로 덕과 명망을 갖추었고, 국가에 큰 공을 세워 천명과 인심이 모두 숙부에게 귀의하였다. 이에 내가 이 무거운 짐을 벗어 우리 숙부에게 넘기고자 한다. 아! 왕실의 종친과 문무백관, 그리고 대소 신료들은 우리 숙부를 도와 선대 왕들의 아름다운 천명을 널리 알리라."

세조의 즉위 교서

세조가 사정전思政殿에서 노산군魯山君을 뵙고 근정전에서 즉위하였다. 세조가 여러 신하들에게 하교하였다.

"공경히 생각건대 우리 태조께서 천명을 받으시어 이 대동의 나라를 소유하셨고, 대대로 현명한 임금이 나와 태평성대가 계속되었다. 그런데 지금의 전하께서 보위에 오르신 이후로는 불행히도 나라에 어지러운 일이 거듭되고 있다. 과인寡人은 문종과 한 어머니에게서 난 동생이고, 또 나라에 자그마한 공이 있다. 하여 여러 왕자의 맏이인 내가 아니면 이 난관을 평정할 수 없다고 하여 드디어 나에게 왕위를 맡기셨다. 내가 굳게 사양했으나 받아들여지지 않았고, 종친과 대신들 모두가 국가의 대계를 위해 사양해서는 안 된다고 한다. 이에 마지못해 여론을 좇아 경태 6년1455년 명나라 경태제 연호 윤6월 11일, 근정전에서 즉위하고 지금의 전하를 상왕으로 받든다."

즉위식을 마친 세조는 의장을 갖추고 사저로 돌아갔다. _ **세조 1년 (1455) 윤6월 11일**

2-2. 창덕궁의 어린 상왕

단종이 경복궁에서 창덕궁으로 옮겨 가는데 각 관청에서 한 명씩 나와 호위하였다. 세조가 사저에서 경복궁으로 옮겨 오는데 모든 관원이 나와 호위하였다. _ 세조 1년(1455) 윤6월 20일

승정원에 전교傳敎: 사람을 시켜 전하는 어명하였다. "매월 2일, 12일, 22일에는 내가 직접 상왕께 문안하겠다. 만약 일이 생기면 그다음 날이라도 갈 것이다." _ 세조 1년(1455) 윤6월 26일

세조가 단종에게 문안을 올리고 술자리를 베풀었는데, 영해군세종의 아홉번째 서자보다 서열이 높은 종친들과 병조 판서 이계전, 그리고 승지들이 모시었다. 음악이 연주되자 임금이 이계전에게 명하여 일어나 춤을 추게 하였고 지극히 즐긴 후에 파하였다. _ 세조 1년(1455) 7월 27일

세조가 직접 태종의 능과 세종의 능에 제사를 지내고, 좌의정 한확과 예조 참판 하위지에게 전교하였다.

"여러 왕릉과 공자 사당, 그리고 종묘의 제사에 상왕이 참여하는 게 어떻겠는가? 문종과 현덕왕후단종의 어머니의 능은 더더욱 상왕이 제사 지내지 않을 수 없다. 옛 제도와 선대의 사례를 참고해 아뢰어라." _ 세조 1년(1455) 9월 1일

단종이 문종의 능에 참배하고 돌아오니, 세조가 살곶이서울시 성수동에 마중 나가 잔치를 베풀었다. 또 호위하는 군사들에게 술을 차등 있게 내려 주었다. _ 세조 1년(1455) 10월 14일

세조가 단종과 함께 창포연에서 매사냥을 구경하고 백조를 잡았다. 어가御駕: 임금의 행차(수레)를 따른 종친, 대신, 승지들에게 술을 내려 주었고, 매를 잘 조련한 내시 윤득부에게 말을 하사하였다. 단종에게도 옷 한 벌을 주었다. _ 세조 2년(1456) 2월 9일

2-3. 상왕의 간청, 절반의 수용

단종, 측근을 살려 달라 청하다

병조 판서 이계전 등이 세조에게 아뢰었다.

"의정부와 대간들이 여러 차례 금성대군단종 편의 대군으로, 세종의 여섯째아들의 죄를 청했으나 윤허하지 않으셨습니다. 비록 법대로 처벌하지는 않더라도 청컨대 종친의 명단에서는 제명하십시오. 또 혜빈 양씨와 상궁 박씨는 내부에서 반란을 선동하였고, 조유례는 몸소 대역죄를 지었습니다. 청컨대 모두 법대로 처벌하십시오. 또한 최근 몇 년 동안 유배된 무인들의 재산도 마땅히 몰수해서 뒷사람들을 경계시켜야 합니다."

세조가 전지傳旨: 승정원의 담당 승지를 통하여 왕명서(王命書)를 전달함하였다.

"종친 명부에서 제명되지 않더라도 금성대군 스스로 편안하겠는가? 다시는 말하지 말라. 양씨와 박씨는 그 죄가 죽어 마땅하다. 하지만 상왕께서 죽이지 말라는 명을 내리셔서 내가 따르는 것이다. 조유례는 이미 처벌을 받았으니 죄를 더할 수는 없다. 또 유배 간 무인들의 재산을 모두 몰수하면 반드시 굶어 죽을 것이다. 그 또한 따를 수 없다." _ 세조 1년(1455) 8월23일

혜빈 양씨는 죽이라

세조가 의금부에 전지하였다.

"혜빈 양씨와 조유례 등 18명은 교수형에 처하고 가산을 적몰하라. 홍이로 등 8명은 영원히 관노로 삼아 관청에 소속시키라. 정종단종의 매형은 관직과 품계를 삭탈하라."

이어 말하였다.

"조유례 등은 반란을 꾀하여서 그 죄가 사형과 연좌에 해당하지만, 내가 특별히 감형해 유배를 보냈었다. 그런데 지금 종친, 부마, 대신들이 그들을 법대로 처리하라 청하고 있다. 하여 마지못해 여러 사람의 의논을 따라서 죄가 중한 자는 교수형에 처했고, 그 나머지는 가산을 적몰하고 관노로 삼았다. 이로써 두 마음을 품은 무리들을 징계하니, 지금 이후로는 새로 생긴 역모가 아니라면 더 이상 논하지 말라. 나라 안팎에 모두 이러한 뜻을 알게 하라." _ 세조 1년(1455) 11월 9일

금성대군은 살리라

대간들이 아뢰었다.

"일전에 조유례 등을 법에 따라 처단하시면서 '새로 생긴 역모가 아니면 더 이상 논하지 말라'고 하셨습니다. 그러나 신들이 생각하기에 이번에 처형된 자들은 그저 말단일 뿐이고 금성대군 등이 진짜 수괴입니다. 반역죄는 수괴이건 말단이건 가리지 않고 모두 죽여야 합니다. 지금 잔당은 모두 처형됐는데 수괴는 오히려 법망 밖에 있습니다. 있을 수 없는 일이니 청컨대 법대로 처단하십시오."

임금이 전교하였다.

"종친과 대신들이 하도 강경히 청해서 내가 심사숙고해서 처리한 것이다. 다시 청하지 말라." _ 세조 1년(1455) 11월 14일

2-4 세조의 목숨을 노리다—사육신의 난 ①*

김질과 정찬손의 밀고

성균 사예司藝: 성균관에서 음악을 지도한 정4품 관직 김질金礩과 그의 장인 우찬성 정찬손鄭昌孫이 임금께 은밀히 아뢸 것이 있다고 하였다. 임금이 사정전에 나아가 그들을 불러 보니 김질이 아뢰었다.

"좌부승지 성삼문이 사람을 보내 신을 보자고 하기에 그의 집

* 세조 즉위 후, 조정에는 집현전 학사 출신을 중심으로 단종을 복위시키려는 움직임이 있었다. 그러다 세조 2년 6월 1일, 세조가 명나라 사신들과 잔치를 벌이게 되었고, 성삼문·박팽년 등은 이 잔치에서 한명회 등을 죽이고 세조를 폐위하기로 하였다. 당시 성삼문의 아버지 성승이 왕의 호위를 맡은 별운검이었으므로, 잔치에서 한명회 등의 목숨을 노릴 수 있었기 때문이다. 그러나 이날 한명회는 무슨 까닭에서인지 잔치에 호위무사를 들이지 말자고 청하고, 거사는 무위로 돌아간다. 그리고 이튿날 정찬손과 그의 사위 김질은 성삼문 등의 반란을 세조에게 고한다. 이 일로 성삼문, 박팽년, 하위지, 이개, 유응부, 유성원 등 70여 명이 처형되었는데, 실록에서는 이들을 병자년의 난신(亂臣)이라 부르고, 오늘날에는 단종복위운동이라고 한다. 세상 사람들은 이 사건을 흔히 '사육신'으로 기억하는데, 이는 성종 때 남효원이 지은 『육신전』(六臣傳)을 근거로 한다. 『육신전』은 당시 떠돌던 이야기를 기록한 것으로 실록과는 기록에 다소 차이가 있다. 이 책에서는 사육신의 난으로 부르기로 한다.

에 갔습니다. 성삼문이 이런저런 일상적인 얘기를 하다가 말하였습니다. '최근 혜성이 나타났고 사옹방司饔房: 궁중 음식 담당 관청에 있는 시루가 저절로 울었다고 하네. 장차 무슨 일이 생길 것이네.'

신이 대답했습니다. '과연 무슨 일이 생기겠는가?'

'근일 상왕께서 창덕궁 북쪽 문을 열고 금성대군의 옛집에 왕래하신다고 하네. 이는 필시 한명회세조의 최측근의 꿍꿍이가 있는 것일세.'

신이 그게 무슨 뜻이냐고 묻자 성삼문이 대답했습니다. '자세한 것은 나도 모르네. 하지만 상왕을 험한 곳에 몰아넣고 힘센 장수를 시켜서 담을 넘어 들어가 무도하게 죽이려는 것이 아니겠는가?'

성삼문이 잠시 후에 또 말했습니다. '상왕당시 16세의 단종과 지금의 세자당시 19세였던 세조의 맏아들는 모두 나이가 어리네. 만에 하나 왕위를 두고 다툰다면 상왕을 보필하는 것이 올바르지 않겠는가. 모름지기 그대 장인정찬손을 한번 설득해 보게.'

이에 신이 대답했습니다. '상왕을 해치려는 계략이 있을 리도 만무하지만, 만약 있다고 해도 우리 장인 혼자서 무슨 일을 할 수 있겠는가?'

성삼문이 다시 말했습니다. '지금 좌의정 한확은 아직 북경에서 돌아오지 않았고, 우의정 이사철은 본래 결단성이 없는 인물이네. 이 틈에 공신인 윤사로, 신숙주, 권남, 한명회 등을 먼저 제거해야 하네. 그대의 장인은 사람들이 모두 정직한 사람이라 생각하니 이러한 때에 대의에 앞장서서 상왕을 세운다면, 그 누가 따르지 않겠는가? 신숙주는 나와 좋은 사이지만 죽이는 게 맞네.'

성삼문은 평소에도 언사가 너무 높기에 신이 처음에는 이 또한 그냥 우연히 나온 말이라고 생각했습니다. 그런데 이 말을 듣고 너무 놀라고 의심스러워 다시 물었습니다. '자네와 뜻이 같은 자가 또 있는가?'

그러자 성삼문이 '이개李塏, 하위지河緯地, 유응부兪應孚도 알고 있네'라고 했습니다."

성삼문의 너무 쉬운 자복

임금이 숙직을 서는 군사들을 집합시키고 급하게 승지들을 불렀다. 도승지 박원형, 우부승지 조석문, 동부승지 윤자운과 함께 좌부승지 성삼문도 입시하였다. 임금이 내금위 조방림에게 명해 성삼문을 잡아서 끌어내 무릎을 꿇린 다음 물었다.

"너는 김질과 무슨 일을 의논했는가?"

성삼문이 한참 동안 하늘을 쳐다보더니 말하였다.

"청컨대 직접 김질과 대질한 후 아뢰겠습니다."

김질에게 진술하게 하자, 말이 다 끝나기도 전에 성삼문이 말하였다.

"모두 다 말하지는 말게. 내가 아뢸 것이네. 김질의 말은 크게 보면 사실이지만 곡해한 것이 있습니다."

임금이 물었다.

"너는 무슨 뜻으로 그런 말을 했는가?"

"지금 혜성이 나타나서 참소하는 사람이 나올까 두려웠을 뿐입니다."

임금이 성삼문을 결박하라고 명하고 말하였다.

"너는 필시 깊은 뜻을 가지고 있었을 것이다. 내가 너의 마음을 폐와 간을 꿰뚫는 것처럼 보고 있다. 사실을 상세하게 말하라."

임금이 성삼문에게 곤장을 때리게 하자 성삼문이 말하였다.

"신에게는 그 밖에 다른 뜻은 없었습니다."

임금이 공모한 자를 물으니 성삼문이 대답을 피했다. 임금이 말하였다.

"너는 나를 알고 지낸 지 가장 오래되었고, 나 또한 너를 지극히 후대하였다. 네가 비록 이와 같은 일을 했다지만, 지금 내가 직접 묻고 있으니 숨기는 게 있어서는 안 된다. 네 죄의 경중은 모두 나에게 달려 있다."

"진실로 전하의 말씀대로입니다. 신이 이미 대죄를 범했는데 어찌 감히 숨기는 게 있겠습니까? 박팽년, 이개, 하위지, 유성원柳誠源과 공모했습니다."

"이들뿐만이 아닐 것이다. 너는 마땅히 모두 말해야 한다."

"유응부와 박쟁朴崝도 알고 있었습니다."

하위지, 이개, 박팽년을 심문하다

하위지를 잡아들이게 하고 임금이 물었다.

"너는 성삼문과 함께 무슨 일을 의논했는가?"

"기억이 나지 않습니다."

"혜성에 관한 일이다."

"신은 전날 승정원에 갔을 때에야 처음으로 혜성에 대해 들었습니다."

임금이 물었다.

"혜성을 핑계로 반란을 공모했는가?"

하위지가 대답하지 않았다. 또 임금이 이개에게 물었다.

"너는 나와 오래된 친구다. 진정 이와 같은 일이 있었다면 모두 말하라."

이개가 말하였다.

"아는 것이 없습니다."

임금이 명하였다.

"이자들을 엄히 국문해야 마땅하지만, 담당하는 관청이 따로 있으니 당장은 의금부에 하옥하도록 하라."

죄수들이 나간 후에 임금이 말하였다.

"내가 일전에 금성대군 집에 있는 정자亭子를 상왕께 바치려고 할 때 성삼문이 말하였다. '상왕께서 이곳을 왕래하시게 되면 참소하는 자가 있을까 두렵습니다.' 그때 내가 경박하다고 여겼는데 과연 이런 일이 벌어지는구나."

한 끗 차이로 목숨을 구하다

임금이 사정전에 나아가 박팽년에게 곤장을 치며 공모자를 물었다. 박팽년이 대답하였다.

"성삼문, 하위지, 유성원, 이개, 김문기金文起, 성승成勝: 성삼문의 아버지, 박쟁, 유응부, 권자신權自愼, 송석동宋石同, 윤영손尹令孫, 이휘李徽, 그리고 신의 아비 박중림이 함께했습니다."

다른 공모자를 물으니 대답하였다.

"신의 아비도 숨기지 않았는데 하물며 다른 사람을 숨겼겠습니까?"

시행 방법을 물으니 대답하였다.

"성승, 유응부, 박쟁이 모두 임금을 호위하는 별운검입니다. 무슨 어려움이 있겠습니까?"

시행 시기를 물으니 대답하였다.

"어제 명나라 사신들을 위한 연회장에서 거사하려고 했습니다. 그런데 마침 장소가 좁다는 이유로 별운검을 내보내셨고, 그 때문에 실행하지 못했습니다. 훗날 농작물을 보러 교외로 나가실 때 노상에서 다시 거사하려 했습니다."

보통 대전에서는 2품 이상의 무관 두 명이 큰 칼을 차고서 임금

좌우에 서서 호위하였다. 이날 세조가 상왕과 함께 대전에 나가기로 했고, 성승, 유응부, 박쟁이 별운검으로 호위하게 되어 있었다. 그런데 임금이 대전 내부가 협소하다고 별운검을 내보내라 명하였다. 성삼문이 별운검을 내보낼 수 없다고 아뢰었지만, 임금이 신숙주에게 대전 내를 살펴보게 하고는 마침내 들어오지 말라고 명하였다. _ **세조 2년(1456) 6월 2일**

2-5. 처절한 응징—사육신의 난 ②

유성원은 집에 있었는데 일이 발각됐다는 소식을 듣고 스스로 목을 찔러 죽었다. _ 세조 2년(1456) 6월 2일

전 집현전 부수찬 허조가 스스로 목을 찔러 죽었다. 허조는 이개의 매부인데 그 또한 모반에 참여하였다. _ 세조 2년(1456) 6월 6일

박팽년이 죄를 자복하고 옥중에서 죽었다. _ 세조 2년(1456) 6월 7일

임금이 사정전에 나아가, 여러 대신들과 승지들을 불러 입시하게 하였다. 그리고 성삼문, 이개, 하위지, 박중림, 김문기, 성승, 유응부, 윤영손, 권자신, 박쟁, 송석동, 이휘, 그리고 단종 유모의 여종 아가지阿加之, 단종 외할머니의 여종 불덕佛德, 별감 석을중石乙中 등을 끌고 와서 곤장을 치며 공모자를 추궁하였다.

의금부에서 아뢰었다.

"이들은 서로 결의를 맺고 어린 상왕을 옆에 끼고서 나라의 정사를 마음대로 하려고 하였습니다. 지난 6월 1일에 거사하려 했으므로 그 죄가 능지처사에 해당합니다. 재산의 몰수와 가족 연좌도 법률에 따라 시행하십시오."

임금이 말하였다.

"아가지와 불덕의 가족은 연좌시키지 말라. 나머지 죄인의 친자식들은 모두 교형목매달아 죽임에 처하고, 어미와 딸, 처와 첩, 손주, 형제, 자매, 그리고 며느리들까지 종신토록 변방 고을의 노비가 되게 하라. 아직 나이가 16세 미만인 자는 외방에서 맡아 기르다가 나이가 차면 종신토록 노비로 삼으라. 나머지는 아뢴 대로 시행하라."

임금이 마침내 모든 대신들을 군기감 앞지금의 서울 시청 자리에 모아 빙 둘러서게 했다. 그리고 이개 등의 사지를 찢어 두루 보이고, 그 머리를 저잣거리에 사흘간 매달아 두었다. _ 세조 2년(1456) 6월 8일

임금이 의금부에 전지하였다.

"역적에 연좌된 사람들 중에서 노비를 제외한 여인들은 모두 공신의 집에 여종으로 주어라. 백부와 숙부, 그리고 조카들은 먼 지방에 안치安置: 먼 곳에 보내 다른 곳으로 옮기지 못하게 주거를 제한하던 벌 하라. 그 딸들 중에서 혼인이 결정된 자, 자손 중에서 다른 집에 입양된 자, 시집오기로 했으나 아직 혼례를 치르지 않은 자는 모두 연

좌시키지 말라. 이러한 일들을 모두 법률에 의거해 시행하라." _ 세조 2년(1456) 6월 27일

임금이 명하였다.

"집현전을 없애고, 경연을 정지한다. 거기에 소장됐던 책들은 모두 예문관藝文館에서 관장하라." _ 세조 2년(1456) 6월 6일

2-6. 상왕의 암묵적 승인—사육신의 난 ③

좌승지 구치관 등이 임금의 명으로 의금부에 가서 성삼문 등에게 물었다.

"상왕도 또한 참여해 너희의 모의를 알고 있었는가?"

성삼문이 대답하였다.

"알고 계시오. 상왕의 외삼촌인 권자신이 그 어머니를 통해 상왕께 아뢰었소. 그 이후에도 권자신, 윤영손 등이 여러 번 맹약한 사실을 알리고 날짜도 고하였소. 거사 당일 아침에는 권자신이 먼저 창덕궁에 들렀는데, 상왕이 긴 칼을 내려 주셨소."

구치관이 또 권자신에게 물으니, 그의 대답도 성삼문과 같았다.

_ 세조 2년(1456) 6월 7일

임금이 사정전에 나아가니 당직 도진무와 겸사복兼司僕: 국왕의 호위 담당들이 시위하였다. 의금부 제조에게 명하여 승지와 대간 등을 부르게 하고 죄인들을 신문하였다. 또 단종의 외할머니 아지阿只에게 물었다.

"너의 아들 권자신이 너의 말대로 홍주에서 사람최득지, 사육신의 참여자을 불러왔다는 데 그 사람의 성명이 무엇인가?"

아지가 대답하였다.

"모릅니다."

임금이 다시 물었다.

"네가 상왕에게 누가 이 일을 함께하기로 했다고 아뢰었는가?

"하위지와 성씨 성을 가진 자였습니다."

또 맹인 점쟁이 나가을두羅加乙豆에게 물었다.

"몇 사람이 몇 번이나 와서 점을 쳤는가?"

나가을두가 대답하였다.

"지난번에 상왕의 유모가 사람을 보내 묻기를, '대궐 북쪽에서 부엉이가 우는데 무슨 징조인가?'라고 하였습니다. 신이 대답하기를 '평안함과 즐거움의 징조입니다'라고 하였습니다. 그 사람이 묻기를, '상왕께 무슨 일이 생기겠는가?' 하기에, 제가 '상왕께서 머지않아 복위하실 것입니다'라고 대답했습니다."

또 상왕의 시녀 춘월과 충개에게 물었다.

"누가 이 일을 알고 있는가?"

춘월과 충개가 대답하였다.

"지난 6월 1일, 상왕 유모의 여종 아가지가 우리를 불러서 말하기를 '너희들은 와서 내 말을 들어 보아라. 바깥에서 사람들이 우리 임금을 다시 세우려고 한다'라고 하였습니다. 저희가 깜짝 놀라 두려워하며 물었습니다. '이게 무슨 말인가, 그러면 언제 한다는 것인가?' 그러자 아가지가 말하기를, '오늘 잔치가 끝난 뒤에 시행할 것이다'라고 하였습니다. 저희는 단지 '그렇게 되면 아가지의 남편은 높은 벼슬에 오를 것이다'라고 말하였을 뿐입니다. 이 밖에는 들은 것이 없습니다." _ 세조 2년(1456) 6월 18일

의금부에서 아뢰었다.

"심신, 박기년, 이정상, 이지영, 아지 등은 박팽년 등과 역모를 꾀하였고, 춘월과 충개도 함께 아가지의 역모를 들었습니다. 그들의 죄가 모두 능지처사에 해당합니다. 재산 몰수와 가족 연좌는 법률에 의거해 시행하십시오."

임금이 춘월과 충개는 곤장 1백 대를 때려 종신토록 변방의 노비가 되게 하고, 나머지는 아뢴 대로 하되 연좌는 이개 등의 예를 따르게 하였다.

모든 대신들을 군기감 앞에 모아 빙 둘러서게 하고, 죄인들의 사지를 찢어 두루 보였다. 그 머리는 저잣거리에 사흘간 매달아 두었다. _ 세조 2년(1456) 6월 18일

2-7. 노산군으로의 강등과 영월 유배

1년을 지체한 단종의 유배와 강등

대사헌 원효연 등이 아뢰었다.

"신 등이 일전에 상왕을 창덕궁 밖으로 내보내시라 청하였습니다. 종친과 대신들도 모두 굳게 청하니, 하늘의 뜻도 가히 알 수 있습니다. 상왕이 최근에 종사의 대계를 그르쳤으니, 신들은 매우 분하게 생각합니다."

임금이 전지하였다.

"이것은 큰일이다. 내가 마땅히 다시 생각하겠다."

원효연 등이 다시 아뢰었다.

"일에 의심스러운 점이 있으면 마땅히 깊이 생각해야 합니다. 하지만 이 일 같은 경우에는 무슨 생각할 것이 있겠습니까?"

임금이 전지하였다.

"내가 마땅히 다시 생각하겠다." _ 세조 2년(1456) 12월 22일

장인의 죄를 빌미로 유배 보내다

백성 김정수가 전前 예문제학藝文提學 윤사윤尹士昀에게 말하였다.

"단종의 장인인 판돈녕 부사 송현수宋玹壽와 행돈녕부판관行敦寧府判官 권완權完: 단종 후궁 권씨의 아버지이 역모를 꾀하고 있습니다."

윤사윤이 이 말을 임금께 아뢰니, 임금이 사정전에 나아가 대신들을 부르고 송현수와 권완을 의금부에 하옥시켰다. 이어서 교지를 내렸다.

"지난 역모에 성삼문 등이 말하기를, '상왕도 모의에 참여했습니다'라고 하였다. 이에 종친과 대소신료들이 뜻을 모아 말하기를 '상왕이 종사에 죄를 지었으니 한양에 편안히 거처해서는 안 됩니다'라고 하였다. 몇 달 동안 청하기를 그치지 않았지만, 나는 진실로 윤허하지 않고 초심을 지키고자 했다. 그런데 1년이 지난 지금까지도 사람들의 마음은 안정되지 않고, 잇달아 백성을 선동하는 자들이 그치지 않는다. 내가 어찌 사적인 은혜 때문에 대업을 그르치고, 하늘의 명과 종묘의 중함을 돌아보지 않겠는가? 이에 특별히 여러 사람의 의견에 따라 상왕을 노산군으로 강봉하고 궁에서 내보내 영월에 거처하게 할 것이다. 먹는 것과 입는 것을 후하게 봉양해 그것으로 상왕의 목숨을 보존케 하고, 민심을 안정시킬 것이다. 너희 의정부는 이를 나라 안팎에 널리 알리라."

임금이 첨지중추원사 어득해魚得海에게 명해 군사 50명을 거느리고 노산군을 영월까지 호송하게 하였다. 군자감軍資監 정正 김자

행, 판내시부사 홍득경이 노산군을 따라갔다. _ 세조 3년(1457) 6월 21일

노산군이 영월로 출발하자 임금이 환관 안노安璐에게 명해 화양정 서울시 광진구 화양동에서 전송하게 하였다. 노산군이 안노에게 말하였다.

"성삼문의 역모를 내가 알고서도 알리지 못했다. 이것이 나의 죄이다." _ 세조 3년(1457) 6월 22일

2-8. 상왕을 둘러싼 흉흉한 민심

상왕이 즉위하면 가뭄이 끝날 것이다

담양 미라사彌羅寺의 승려 혜명惠明이 반란을 꾀한 마을 사람들의 명단을 올렸다. 임금이 병조 참판 구치관 등을 보내 이 일을 조사하게 하였다. _ 세조 3년(1457) 7월 5일

의금부에서 아뢰었다.

"승려 혜명이 승려 의전義田을 고발하면서 다음과 같이 진술했습니다.

'승려 의전이 저에게 송경을 비롯한 89명의 명단을 가지고 와서 보여 주었습니다. 그리고 말하기를, 〈장차 다시 수양대군의 난과 같은 일이 있을 것이다. 지금 가뭄이 너무 심해 상왕을 세우고자 하는 사람들이 있다〉라고 하였습니다. 의전과 함께 최한량도 말했습니다. 〈지금 가뭄이 너무 심한데, 만약 상왕이 다시 즉위하면 곡식이 무성해질 것이다.〉 담양의 향리와 관노들은 말했습니다. 〈거

짓으로 나라에서 수박희손바닥으로 밀어서 힘을 겨루는 놀이로 무사를 뽑는다는 소문을 내고 사람들이 모여 수박희를 하면서 은밀히 용사를 훈련시킨다.〉'

진술을 조사해 보니, 혜명은 본래 저들과 사이가 좋지 않았습니다. 하여 그들의 반란을 거짓으로 고한 것입니다. 그 죄는 능지처참과 재산 몰수에 해당합니다. 연좌된 형, 승려 해첨海簷은 공신에게 종으로 주십시오."

임금이 승려 혜명은 참형에 처하고, 형 해첨은 연좌하지 말라고 명하였다. _ 세조 3년(1457) 9월 16일

하루라도 상왕이 복위됐더라면...

의금부에서 아뢰었다.

"학생 심희괄이 말했습니다. '금년 농사가 잘되지 않은 것은 다름이 아니라 지금 주상이 즉위했기 때문이다. 또 경복궁 건춘문에 벼락이 떨어져 군졸이 죽었는데, 비록 단 하루라도 상왕이 다시 섰으면 천변이 어찌 이와 같았겠는가?'

심희괄의 말은 전하를 능멸하는 것이니, 그 죄가 참형에 해당하고 가산을 몰수해야 합니다." _ 세조 3년(1457) 10월 23일

유언비어가 끊이지 않으니 엄벌에 처하겠다

우부승지 김질이 유언비어에 대해 아뢰었다. 임금이 말하였다.

"근일 헛된 말을 하는 자가 자못 많은데, 내가 관대한 법을 적용해 용서하고 죽이지 않았다. 하지만 법대로 처단하지 않으면 유언비어가 그치지 않을 것이다. 너무 자애롭게만 대하고 법을 쓰지 않으면, 이는 죄인을 모두 풀어 주었다가 결국 굶어 죽은 양梁나라의 무제武帝*가 될 뿐이다. 내가 마땅히 대법으로 결단하겠다."

김질이 아뢰었다.

"난언을 하는 사람은 그저 말만 하는 것이 아닙니다. 실제로 모반을 일으키려는 것이니 법대로 하지 않을 수 없습니다." _ 세조 3년(1457) 10월 2일

* 양나라 무제는 불교를 독실히 믿어 범죄자를 처벌하지 않았고 종실의 반역자도 모두 용서했다. 그러나 훗날 하남왕(河南王) 후경(侯景)이 모반했고, 결국 굶어 죽었다.

2-9. 노산군의 죽음

금성대군과 노산군의 장인을 사사하다

양녕대군 이제李禔 등이 상소하였다.

"신들이 들으니, 망설이며 결단하지 않으면 반드시 후환이 있고, 사사로운 정 때문에 대의를 저버리면 큰일을 그르치게 됩니다. 일전에 간사한 흉적들이 반란을 일으켰는데 노산군이 참여해 종묘사직에 죄를 지었습니다. 또 이유금성대군는 당파들과 결의해 반란을 도모했습니다. 이에 백성들이 모두 분노했지만 전하께서는 오히려 사사로운 은혜를 생각하시며 그들을 차마 법대로 벌주지 못하시고 외방으로 보내 목숨을 보전하게 하셨습니다. 그런데도 금성대군은 전하의 다시 살리려는 덕을 알지 못하고 병사를 일으켜 모반을 꾀했습니다. 장차 노산군을 옆에 끼고서 종사를 위태롭게 하려 했으니, 그 죄악이 넘쳐흘러 천지도 용납하지 못할 지경입니다. 그런데 어찌 그들을 용서해 국법을 어지럽히려 하십니까. 신들이 거듭 법을 바로 세우시라 청하였지만 아직 윤허받지 못했습니다. 분하고 억울한 마음 이길 수가 없습니다. 이영화의군, 이어한남군, 이전영풍군, 정종단종의 매형, 송현수단종의 장인와 같이 흉악한 무리들은 왕법에 따라 반드시 죽여야지 용서해서는 안 됩니다. 엎드려 바라건대, 대의로써 결단하셔서 나라의 법과 규범을 바르게 하시고, 화근을 뽑아 백성의 마음을 안정시키십시오."

임금이 명하여 이유를 사사하고, 이영·이어·이전·송현수는 논하지 말라고 하였다. 정인지 등이 다시 아뢰었다.

"이영, 이어, 이전, 정종, 송현수도 같은 죄를 지었습니다. 또한 법대로 처리하셔야 마땅합니다."

임금이 말하였다.

"불가하다. 옛사람의 말에 '괴수의 우두머리는 가차 없이 섬멸하되 협박에 못 이겨 협조한 자는 벌하지 않는다'라고 했다. 또 성인들은 너무 심한 일은 하지 않았다. 지금 저들을 법대로 처형하는 것은 너무 심한 일이다."

임금이 노산군의 장인인 송현수를 교형목매달아 죽임에 처하라 명하고, 나머지는 모두 논하지 말게 하였다. 다시 신하들이 유배지에 있는 죄인들을 외부와 소통하지 못하게 하자고 청하니 임금이 윤허하였다. _ 세조 3년(1457) 10월 21일

노산군의 죽음을 둘러싼 상반된 기록

노산군이 금성대군의 반란 소식을 듣고 스스로 목을 매어 죽었다.

이에 예로써 장사 지냈다. _ 세조 3년(1457) 10월 21일

중종이 우승지 신상申鏛을 보내 노산군의 묘에 제사 지냈다. 신상이 와서 임금께 보고하고 김안국과 함께 이야기하다 눈물을 흘리며 말하였다.

"노산군의 묘는 영월군에서 서쪽으로 5리 떨어진 길가에 있었는데, 높이가 겨우 두 자쯤약 60cm 되고 여러 무덤이 곁에 모여 있었습니다. 그러나 사람들이 모두 왕의 무덤이라고 했고, 어린아이들까지 모두 왕의 무덤으로 알고 있었습니다. 사람들이 말하기를, '돌아가셨을 때 온 고을이 놀라고 두려워했는데, 고을 아전 엄흥도嚴興道가 찾아가 곡을 하고 관을 마련해 장사 지냈다'라고 하였습니다. 지금도 고을 사람들이 그 일을 가슴 아프게 여기고 있습니다." _ 중종 11년(1516) 12월 10일

三. 세조의 꿈, 천자의 정치

3-1. 천자의 제사, 환구제*

조선의 태조를 천제에게 배향하였다

임금이 면복冕服: 대례복을 갖추어 입고서 환구단에 올라가 의례에 따라 제사 지냈다. 하늘의 주재자인 호천상제昊天上帝, 땅의 주재자인 황지기皇地祇, 조선의 창업자인 태조의 신위神位에 임금이 몸소 세 번 술을 올렸다. 태양, 바람, 구름, 우레, 비의 신에게는 세자가

* 환구제(圜丘祭): '원구'라고도 읽는다. 동양에서는 우주의 근본 요소를 하늘(천), 땅(지), 사람(인) 삼재(三才)라고 보았다. 환구제는 인간의 대표인 황제가 하늘에 지내는 제사다. 우리나라는 삼국시대부터 독자적으로 환구제를 지내 왔고 조선도 건국 초 환구단을 설치한다. 그러나 조선은 명의 제후국을 자처했으므로, 천자의 제사인 환구제를 지내는 것에 대한 논란이 끊이지 않았다. 이 때문에 세종 때까지도 환구단의 제사는 신하가 임금 대신 기우제를 지내는 정도에 그쳤다. 그런데 세조는 즉위 초 철거됐던 환구단을 복원하고 인간의 대표인 왕으로서 하늘에 직접 제사를 지냈다. 조선의 왕인 태조를 인간의 대표로 천(天), 지(地)에 배합(配合)시킨 것이다. 대신들은 이 일을 "우리 태조대왕이 천제(天帝) 곁에 배향되셨으니, 나라의 큰 제사가 이루어져 천·지·인 삼령(三靈)의 도움을 받게 되었"다고 평가한다(세조 3년 3월 7일). 세조 이후에 환구제의 위상은 또다시 격하된다. 제후는 천제(天帝)에 제사 지낼 수 없다고 하여 원구단의 이름을 남단(南壇)으로 바꾸고 격식을 소국(小國)의 예로 축소해 바람과 비 등 자연에 대한 제사로 축소했다(정조 16년 8월 12일자 기사 참조).

세 번 술을 올렸고, 달, 동서남북의 바다, 큰 산, 큰 강岳瀆山川의 신에게는 영의정 정인지가 세 번 술을 올렸다. _ 세조 3년(1457) 1월 15일

신시申時: 오후 3시~5시에 임금이 근정전에 나아가 왕세자와 모든 대신들의 하례를 받았다. 건국 초에 환구단을 한양 남쪽에 설치하고 하늘에 제사를 지냈는데, 세종께서 제도를 정비하시며 환구제도를 없애셨다. 이날에 이르러 임금이 다시 환구제를 회복하고 교지를 내렸다.

"부덕한 내가 밤낮으로 조심하고 경계하면서, 경태 8년명나라 연호, 세조 3년(1457) 정월 15일에 몸소 환구단에 올라 하늘과 땅, 그리고 모든 신들에게 제사 지냈다. 그리고 우리 태조대왕을 천제天帝와 나란히 제사 지냈으니, 드디어 국가의 대사가 완성되었다고 할 것이다. 이 큰 복은 마땅히 널리 나누어야 한다. 지금은 백성들과 함께 모든 것을 다시 시작하는 때이니, 어찌 지나간 죄를 따지겠는가? 오늘 동트는 때를 기준으로 그 이전에 지은 죄를 모두 사면한다. 단, 반역을 꾀한 자, 조부모나 부모를 구타하거나 죽인 자, 남편을 살해한 처와 첩, 주인을 살해한 노비, 계획적으로 살인한 자, 독이나 저주를 써서 사람을 죽인 자, 강도와 도둑질한 자는 제외한다. 이미 죄가 발각되었거나 발각되지 않았거나, 판결이 났거나 나지 않았거나, 모든 죄를 사면한다. 사면령 이전의 죄를 다시 고발한다면 반대로 그 사람에게 벌을 내리겠다. 아아! 영원히 천명

과 짝하기를 맹세하며 밝은 하늘을 극진히 섬기겠노라. 모든 사람은 평등하여 내가 똑같이 사랑하니 관대한 은혜를 널리 베풀겠노라." _ 세조 3년(1457) 1월 15일

병중에도 중단할 수 없는 일

승지 등이 임금이 편찮았기 때문에 환구단에 직접 제사 지내는 일을 정지하시라 청하였다. 임금이 전교하였다.

"내 병세가 아주 심하지 않으니 내일 증세를 보아 결정하겠다."

잠시 후 임금이 다시 전교하였다.

"종묘의 춘향대제春享大祭: 봄에 지내는 종묘사직의 제사는 세자가 대신 제사 지내게 하라."

승지 등이 다시 아뢰었다.

"종묘 제사는 이미 세자에게 대행하라 하셨습니다. 환구단은 교외에 있어 찬바람을 맞으실 터이니, 청컨대 환구제도 세자에게 대행시키십시오."

임금이 전교하였다.

"내가 직접 하지 않으면 제사를 지내지 않은 것과 같다. 종묘제와 환구제를 모두 직접 지내야겠다." _ 세조 7년(1461) 1월 11일

조선왕조 마지막 환구제*

임금이 환구제를 지내면서 새로 만든 음악을 사용하였다. 궁으로 돌아오는 길에 우의정 구치관, 예조 판서 박원형 등을 불러 말하였다.

"옛사람이 말하기를 '무왕께서 아버지 문왕을 추존해 종묘에 모시고 교외에서 천제天帝께 제사 지냈다'**라고 하였다. 선왕을 높여 천제와 함께 제사 지내는 것은 제왕이 해야 할 가장 큰 일이다. 또한 내가 새로운 음악을 제작해 종묘와 환구에 사용하였으니 마침내 큰 예법이 완성되었다 할 것이다. 이제야 선왕의 뜻을 이루게 되었으니, 이 기쁨을 어찌 헤아릴 수 있겠는가."

동틀 무렵에 임금이 환궁해 근정전에 이르렀다. 왕세자를 불러 술을 올리게 하고, 잠시 뒤에 내전으로 들어갔다가 다시 근정전으로 나왔다. 임금이 왕세자와 대신들의 하례를 받고 널리 교지를 반포하였다.

"한 나라의 의례禮를 제정하고 음악樂을 만드는 일은 대개 100년은 걸려야 흥성해진다. 지금 선왕의 뜻과 사업을 계승해 다행히 하루아침에 음악을 완성하고, 그것으로 환구단에 제사를 지냈다.

* 이후 천제에게 지내는 환구제는 고종이 대한제국을 세운 이후에 복원된다.

** 무왕이 주나라를 세우고 아버지 창(昌)을 왕으로 추존한 일을 말한다. 이때 무왕은 교외에 나가 천·지와 함께 아버지에게 제사 지냈는데, 세조는 자신의 환구제를 무왕의 교제사(郊祭祠)에 비유하고 있다.

신과 사람 모두에게 참으로 기쁜 일이다. 우리 태조께서는 처음으로 나라의 터전을 여는 대업을 이루셨지만, 창업하는 초기의 어수선함으로 예악에 신경 쓸 겨를이 없으셨다. 우리 세종께서는 위대한 운수를 타고나시어, 대업이 안정됐음을 드러내고 태평성대가 보존됐음을 기념하고자 하셨다. 이에 우리의 음악과 춤을 제정해 하늘과 종묘에 제사 지내고자 하셨으나, 뜻만 가지고 미처 성취하지 못하셨다. 부덕한 몸으로 왕업을 잇게 되었을 때, 나는 선왕의 뜻을 이어 후손들에게 영원히 보여 주겠다고 다짐하였다. 이에 다시 두 가지 음악을 제정해 환구제에 사용했는데, 성대한 음률이 신명神明에 통하고, 조화로운 기운이 하늘과 땅에 융화되었다. 마침내 큰 예법이 완성되는 데 이르렀으니, 특별한 은전을 베풀 것이다." _ 세조 10년(1464) 1월 15일

3-2. 동서남북 천하를 누비는 순수*

민생과 국방의 일, 순수

임금이 사정전에서 대신들의 조회를 받고 정사를 보았다. 임금이 말하였다.

"군주가 한 나라의 봉양을 받으며 깊은 궁궐에 편안히 들어앉아 있으면, 농사짓는 어려움과 백성들의 질고를 알 수가 없다. 이것은 임금의 도리가 아니다. 이제부터 내가 나라 곳곳을 순수巡狩하면서 백성의 일을 살펴야겠다."

* 순수(巡狩): 맹자는 순수를 "천자가 제후국에 가는 것"(『맹자』「양혜왕 하」4장)이라고 말한다. 즉, 순수란 천자가 자신의 영토를 돌아보며 백성들을 위로하는 것을 의미한다. 순수는 주로 천자의 행차에 쓰는 말이기에 조선에서는 거의 쓰지 않았다. 다만 성종 대까지는 임금이 궐 밖에 행차하는 것을 통틀어 순(巡) 혹은 순행(巡幸)이라고 표현하는 경우가 있었다. 그런데 『세조실록』의 경우는 임금의 지방 행차를 '순수'라고 표현하는 경우가 많다. 세조 본인이 순수라고 칭하기도 하고, 유생이 올린 가요에도 보이며, 사관의 기록에도 보인다. 세조가 자신의 위상을 천자에 버금가게 높이고자 했던 의도가 엿보이는 대목이다. 세조는 역대 어느 임금보다 더 많이, 더 멀리 순행길에 오르는데, 왕실과 정부를 거의 통째로 이끌고 평양, 금강산, 온양 등으로 행차한다.

임금이 우의정 강맹경과 승지들에게 순수하는 절차를 논의하게 하고, 즉시 병조에 전교하였다.

"올가을 추수가 끝나면 충청도와 경상도를 순수할 것이니, 제반의 일들을 준비하도록 하라." _ 세조 3년(1457) 7월 8일

지평 김기金琦 등이 사헌부의 논의 내용을 아뢰었다.

"어제 전하께서 교지를 내려 언로言路를 열어 주시니 신들은 몹시 감격하였습니다. 하여 순수에 관해 한 말씀 올리고자 합니다. 금년에는 가뭄이 들어서 백성들이 파종을 하지 못하였고, 혹 파종을 했더라도 많이 말라 죽었습니다. 순수를 하면 백성들의 수고가 더 커질 것입니다. 또 부산포와 제포에는 왜인들이 모여 삽니다. 순행을 따르는 호위대가 적으면 나라의 위엄을 보일 수가 없고, 많으면 저들이 놀라 동요할까 염려됩니다. 또 궁궐을 비워 둘 수도 없는 일이니, 좋은 때를 기다려 멀리 행차하시고, 지금은 순수를 보류하시길 청합니다."

임금이 전교하였다.

"내가 순수에 대해서는 더 이상 말하지 말라고 교지를 내렸다. 그대들은 왜인이 두려운가? 나는 두렵지 않다."

오응이 다시 아뢰었다.

"신들은 전하께서 순수하시려는 의미를 알지 못하겠습니다. 어가를 따르는 호위대가 간소하면 왜놈들이 어떻게 보겠습니까?"

임금이 말하였다.

"군사의 일은 유생들이 관여할 바가 아니고, 순수의 의미는 너희들이 능히 알 수 있는 것이 아니다. 깊은 뜻이 있는 것이니 다시는 말하지 말라." _ 세조 3년(1457) 7월 12일

동서남북, 세조의 순수

고성과 금강산을 순수하고 돌아오는 길에 어가御駕가 아차산 아래에 이르렀다. 임금이 세자와 정인지에게 명하여 술을 올리게 하고, 마중 나온 대신들을 불러 술을 내려 주었다. 어가가 충량포지금의 중랑천에 도착해서 의장儀仗을 갖추고 흥인문동대문으로 들어오니, 성균관 생원 서지무 등이 가요歌謠: 임금의 행차를 환영하는 시를 올렸다.

"엎드려 전하를 뵈옵니다. 전하께서 즉위하신 이래로 정신을 가다듬고 나라를 다스리시니, 모든 정사가 잘 거행되었습니다. 조정은 맑고 밝아서 태평한 정치가 선대보다 빛이 납니다. 그런데도 오히려 먼 지방의 백성들이 생활에 어려움이 있을까 염려하시어, 오랫동안 하지 않았던 전례를 거행하고 순수巡狩하는 성대한 제도를 복원하셨습니다.

재위 6년 경진년 가을에는 서쪽평양 지방을 순수하셨고, 5년 후인 갑신년세조 10년에는 남쪽 지방충청도 온양을 순수하셨으며, 올봄에는 어가가 동쪽강원도와 금강산을 향했습니다. 사방을 순행하며 백성들의 풍속을 관찰하셨고 마침내 온천에도 잠시 머무셨습니다.

이에 가시는 곳의 백성들이 집집마다 경하를 드렸습니다. 또 나라의 명산대천을 두루 순례하셨는데, 가시는 곳마다 신령스러운 감응이 예사롭지 않았습니다. 상서로운 구름, 감로, 꽃비, 신비한 학, 하늘의 향기가 내려왔습니다. 지축이 진동하고, 부처의 광명이 퍼지고, 사리부처의 유골가 내리고, 관음보살이 크고 작은 형상으로 현신했습니다. 이처럼 기이한 일이 두 번 세 번 거듭하여 나타나니, 눈이 있는 사람은 모두 우러러보며 놀라지 않은 이가 없었습니다.

이에 전하께서는 명령을 내시어 백성들의 죄를 사면하시고, 세금을 덜어 주셨으며, 노인을 우대하여 관작을 내려 주시고, 과거를 치러 어진 사람을 등용하시어, 부처와 하늘의 도움에 보답하셨습니다. 이에 사대부로부터 일반 백성에 이르기까지 춤추고 기뻐하지 않는 이가 없고, 전하의 공덕을 칭송하는 노래가 천지를 흔듭니다. 아! 아름답습니다. 진실로 천년에 한 번 있을 성대한 때입니다. 이제 어가가 돌아와 한양에 도착하니, 어린아이와 늙은이가 앞서거니 뒤서거니 달려 나와 전하의 광명을 우러러 뵙습니다. 신들은 오랫동안 전하의 은덕을 입었는데, 이처럼 성대하고 아름다운 시대를 보게 되니 기쁜 마음이 만 배나 더합니다. 노래와 시를 만들어 전하의 덕을 칭송하지 않을 수 없기에 문득 옛날에 짓던 사언시四言詩를 지어 바칩니다. 삼가 두 손 모아 머리를 조아려 이 시를 바칩니다." _ 세조 12년(1466) 윤3월 24일

3-3. 북방을 향한 대규모 행차, 평양 순행*

중전·세자와 함께 평양에 가다

임금이 중전과 함께 황해도와 평안도를 순행巡幸하였다. 왕세자예종가 어가를 따랐고, 임영대군 등 수십 명의 종친과, 이조판서 구치관 등 수십 명의 신료들이 따랐다. 내금위 군사 2백 명을 뽑아 앞에서 호위하게 하고, 별시위 갑사 2백 명을 뽑아 화살부대를 만들었으며, 파적위조선 오위(五衛) 중 하나 군사 1백 명을 병합해 어가를 호위하게 하였다.

도성의 사무는 권람·윤사로·윤사윤을 수상守相으로 삼아 한양에서 총괄하게 하였고, 도성의 방비軍務는 성봉조, 심회 등을 수장으로 삼아 총괄하게 하였다. _ 세조 6년(1460) 10월 4일

* 세조 6년, 세조는 신숙주를 장수로 삼아 함경도 부근의 올량합(여진족)을 토벌한다. 이른바 경진북정이다. 전쟁이 한창일 때 세조는 평양 순수를 계획했고, 승리한 이후 순행 길에 오른다. 왕의 건재함을 과시함으로써 북방의 민심을 안정시키려 했던 것으로 보인다.

빗속에 우왕좌왕하는 어가

크게 우레와 번개가 치고 비바람이 불었다. 임금의 행차가 개성 판문평板門平: 지금의 판문점 자리에 도착했는데 비가 여전히 그치지 않았다. 개성부 유수 권지權摯가 어가를 영접했는데, 여러 가지 일에 매우 소홀하였다. 또 길을 안내하는 늙은이가 어가를 진흙탕으로 잘못 인도했고, 임금이 머무는 행궁에도 착오가 많았다. 이에 임금이 개성부 유수 권지를 의금부에 하옥시키라 명하였다. 개성부에 도착하자 노인들과 유생들이 남대문 앞에 차례로 서서 가요歌謠를 올렸다. _ 세조 6년(1460) 10월 6일

개성의 성곽을 시찰하다

임금이 개성 왕륜사王輪寺에 행차하니, 왕세자가 어가를 따랐다. 길에서 복숭아나무와 버드나무를 보고 임금이 계양군 이증李璔: 세종의 둘째 서자에게 말하였다.

"개성은 옛날에 왕성王城이 있던 땅이다. 얼마나 많은 사람이 이곳에서 흐드러진 복사꽃과 버드나무의 신록을 즐겼겠는가?"

임금이 왕륜사에 쌀 10석을 내려 주었다. 또 송악산에 올라 옛 도읍을 바라보며, 고려의 흥망성쇠에 대해 논하였다. 임금이 대신과 승지들에게 주변을 살펴보고 성을 쌓을 자리를 정하게 하고 말하였다.

"옛날 우리 태조께서 정하신 외곽 성의 위치가 매우 좋다. 다만,

저 산봉우리는 성 안쪽으로 들이는 게 좋겠다. 하지만 성을 쌓는 데는 품이 많이 드니, 우선은 요충지에 방어 시설을 설치하게 하라."

이어 지중추원사 박강朴薑에게 마음을 써서 보수하라고 명하였다. _세조 6년(1460) 10월 8일

순행 틈틈이 사냥하다

어가가 개성의 오정문을 나와 금교역을 향하였다. 이곳에 이르자 해주진 첨절제사 허종항許從恒이 군사를 거느리고 와서 영접하였고, 황해도 관찰사 이석형李石亨 등도 어가를 맞이했다. 어가가 금교 벌판에 이르자 사람들이 매와 개를 바쳤고, 임금은 이를 종친과 대신들에게 나누어 주었다.

대장大將 박강에게 명하여 사냥했는데 여우 하나가 튀어나왔다. 임금이 세자에게 활로 쏘라고 명하자 세자가 곧바로 명중시켰다. 그 여우 가죽으로 임금의 옷을 만들게 하고 임금이 말하였다.

"세자가 사슴을 쏘면 가죽 신을 만들 것이고, 노루를 쏘면 고기를 먹겠다."

임금이 도승지 성임에게 말하였다.

"행차를 따르는 이들은 각각 순행에서 보고 들은 것을 날마다 기록하고, 환궁한 뒤에 책으로 만들어 바치라." _세조 6년(1460) 10월 9일

평양에 도착한 어가

평양 소윤 예승석芮承錫과 판관 이숙기李淑琦가 나와 어가를 맞이했다. 어가가 평양성에 들어가자 평양의 노인들과 유생, 그리고 기생들이 가요를 올렸다. _ 세조 6년(1460) 10월 15일

순행의 꽃, 지역의 인재를 뽑는 과거

임금이 평양에서 몸소 과거科擧를 보고자 하여, 순행에 앞서 평안도와 황해도에서 문사文士와 무사武士들을 모아 향시鄕試: 지방에서 치르던 초시를 치르게 하였다. 임금이 평양에 도착해 향시에 합격한 문사들을 모아 전시殿試: 임금이 직접 보는 3차 시험를 치렀는데, 좌의정 신숙주 등을 시험관으로 삼았다. 과거 문제는 이러하였다.

> 전하께서 이렇게 말씀하셨다. "황해도와 평안도는 고려 때부터 본래 부강하기로 이름이 났다. 그런데 최근에는 백성들이 거처를 버리고 떠돌아다녀 농토는 점점 황폐해지고, 군역을 지는 백성들이 감소해 군사와 말은 피로하고 쇠약하다. 어찌하면 떠돌아다니는 백성들을 돌아오게 해서 농토를 모두 개간할 수 있겠는가? 또 어찌하면 군역을 지는 백성들이 많아져서 군사와 말이 굳세고 강해질 수 있겠는가? 너희 유생들은 이곳에서 나고 자랐으니, 눈으로 보고 귀에 익어 그 계책이 상세할 것이다. 그것을 각자 숨김없이 진술하라."

임금이 중전, 세자와 함께 부벽루에 행차하였다. 병조 판서 한명회 등을 시험관으로 삼고 몸소 무과 시험에서 활 쏘는 것을 시험하였다. _ 세조 6년(1460) 10월 16일

단군전에 제사 지내다

임금이 몸소 태조대왕의 영정을 모신 영숭전永崇殿에 제사 지내고, 단군·고구려 시조·기자箕子의 사당에 제사 지냈다. 임금이 승지 홍응에게 물었다.

"고구려의 시조가 누구인가?"

홍응이 대답하였다.

"고주몽입니다."

임금이 말하였다.

"삼국 중에서 고구려가 가장 막강하였다." _ 세조 6년(1460) 10월 17일

평양 행궁터를 살피다

한명회가 평양에 행궁行宮: 임금의 임시 궁궐을 짓자고 청하니 임금이 말하였다.

"바로 이것이 나의 뜻이다. 역시 경은 내 마음을 잘 아는구나."

이어 임금이 한명회와 함께 행궁터를 정했는데 한명회가 말하였다.

"여기는 옛날에 궁궐이 있던 자리입니다."

임금이 말하였다.

"내가 새 궁궐터를 보았는데 그게 마침 옛 궁궐터와 같구나. 어찌 다시 논의할 필요가 있겠는가?" _ 세조 6년(1460) 10월 17일

평양의 노인들을 만나는 자리, 양로연

임금이 중전과 함께 대동관大同館에 행차해 양로연을 베풀었는데 세자가 곁에서 모셨다. 종친, 대신, 원로들이 뜰에서 네 번 절하고 감사의 글을 올렸다.

"임금이 선정을 베풀어 경사가 있게 되면 덕 있는 노인이 봉양을 받는다. 만년토록 복록을 길이 누리소서."

신숙주가 대열 맨 앞에서 임금께 술을 올렸고, 노인 김상안金尙安도 또한 술을 올렸다. 종친과 대신들이 각자 자리에 앉았고, 김상안 등 노인 1백여 명은 뜰 가운데 앉았고, 늙은 부인 30여 명은 섬돌 위에 앉았다. 임금이 이조와 병조에 명하여 여러 노인에게 관작을 1계급씩 올려 주게 하였다.* _ 세조 6년(1460) 10월 18일

* 조선에는 실제로 직무는 주지 않고 녹봉만 내리는 관작이 있었다.

3-4. 천명天命의 신비한 징후들

경복궁 후원에 감로가 내리다

임금이 경복궁 서현정에 나아가니 여러 종친과 대신들이 입시하였다. 전날 밤에 경복궁 후원에 감로甘露**가 내렸는데, 임금이 입시한 종친과 대신들에게 나가서 보게 하였다. 신숙주 등이 아뢰었다.

"감로는 태평성대의 가장 좋은 징조이니 마땅히 축하해야 합니다."

임금이 말하였다. "좋다." _ 세조 10년(1464) 4월 20일

외교에 활용된 수타미

수타미須陀味의 기이함이 있어서 모든 관리들이 하례를 올렸다. 솔잎 위에 흰 것이 여러 곳에 맺혔는데, 따서 맛을 보면 달기가 사탕

** 태평성대에 나타난다고 하는 상서로운 징조의 하나로, 하늘에서 단맛 나는 이슬인 감로(甘露)가 내리면 그 감로를 받아 나무에 수타미(須陀味)가 열린다고 한다.

과 같았다. 수타불경須陀佛經에 꽃이 희다는 말이 있어 그것으로 이름을 삼았다. _ 세조 11년(1465) 4월 13일

임금이 일본 통사 전양민을 불러 말하였다.

"일본국 사신인 승려 융원融圓이 수타미를 가지고 일본으로 돌아가려 하는데, 내가 날이 따뜻해 쉽게 녹아 버릴까 허락하지 않았다. 이제 다시 생각해 보니 그늘진 곳에서 잘 말리면 쉽게 가지고 갈 수 있을 것이다."

임금이 전양민을 시켜 융원에게 수타미를 주니 기쁘게 받으며 말하였다.

"전하의 은혜가 망극합니다, 일본에 가지고 돌아가 우리 전하께 전하겠습니다. 또 우리나라의 중들을 모아서 보여 주겠습니다." _ 세조 14년(1468) 4월 17일

부처가 현신하는 태평성대

승정원에 전지하였다.

"얼마 전 효령대군세종의 둘째형이 회암사경기도 양주에서 원각법회를 열었는데 석가여래가 나타나고 감로가 내렸다. 또 황색 가사를 입은 신령한 승려 세 명이 탑을 돌며 기도했는데, 그 빛이 번개와 같았고, 뻗어 나오는 빛 때문에 주변이 낮처럼 환해졌으며, 색색의 안개가 공중에 가득 찼다. 사방에 나타난 사리가 수백 개였는데,

그것을 함원전에 공양하였다. 그리고 다시 사리 수십 개가 나타났으니, 이처럼 기이한 상서는 다시 만나기 어렵다. 하여 내가 이를 기려 다시 흥복사를 세우고 원각사圓覺寺라고 부르고자 한다."

승정원에서 아뢰었다.

"지당하십니다."

신하들이 하례를 올리겠다고 청하자 임금이 그대로 따랐고, 명을 내려 강도 이하의 죄인을 사면하였다. 이어 승정원에 명해 여러 도의 관찰사에게 글을 내렸다.

"효령대군 이보가 젊어서부터 부처 받들기를 매우 독실히 했는데 늙어서는 더욱 열심이다. 대군은 회암사를 왕실 사찰로 삼고 부지런히 왕래하며 재齋를 베풀어 왔는데, 지금에 와서 여래가 나타나고 신비한 승려들이 탑을 돌았다. 다른 사람들은 모두 보지 못했지만 효령대군는 그것을 보았다고 스스로 말하였다." _ **세조 10년(1464) 5월 2일**

금강산에 나타난 신비한 징후들

일본 비전주肥前州의 뇌영賴永이 보낸 사신 수린守藺이 돌아갔다. 임금이 수린 편에 일본국왕에게 보내는 글을 부쳤는데 그 글은 이러하였다.

"이웃이 서로 교류하는 것은 예법상 진실로 당연하지만, 다만 큰 바다가 아득히 멀고 풍파가 사납다. 일찍이 사신 하나를 파견

했는데, 중도에 폭풍을 만나 가지 못했다. 하여 나의 이런저런 마음을 전달하지 못해 참으로 한스럽다. 비록 그러하나 사는 땅은 달라도 마음은 같다. 멀리서도 통할 것이 당연한데 어찌 꼭 직접 왕래해야 하겠는가?

우리나라에 명산이 있는데 금강산이라고 부른다. 동쪽으로는 큰 바다를 내려다보고 우뚝하게 깎여서 희게 빛난다. 봉우리가 구름 너머로 솟아올라 높고 광대하여 몇 길이나 되는지 모른다. 『화엄경』華嚴經에서 담무갈보살曇無竭菩薩이 1만 2천 보살들과 함께 살며 설법한다고 했던 곳이 바로 이 산이다.

요즘 내가 국토를 순행하면서 이 산에 가서 불법승 삼보에 참배하였는데, 미처 산기슭에 도착하기도 전에 땅이 진동했다. 골짜기에 들어서자마자 상서로운 기운이 널리 뻗치고, 신비한 구름이 사방을 에워쌌다. 하늘에서 네 가지 꽃비가 내렸는데, 크기가 마치 오동잎과 같았고, 감로가 널리 흩뿌려졌는데 풀과 나무가 마치 목욕한 것 같았다. 햇빛이 누렇게 퍼지면서 눈에 보이는 세계는 모두 금빛이 되었다. 이상한 향기가 퍼지고, 큰 광명이 발하며, 산과 골짜기가 빛나고, 학鶴 한 쌍이 날아올라 구름 주변을 맴돌았다. 산중의 여러 사찰에 부처의 사리가 나타나 오색 빛을 모두 갖추었다. 법회를 열자 여러 가지 상서가 거듭해서 나타났다. 또 담무갈보살이 무수하게 작은 형상으로 나타났다가 다시 큰 형상으로 나타났는데, 그 길이가 하늘에 닿을 정도였다.

마지못해 돌아오는 길에 낙산사, 오대산, 상원사, 월정사, 서수정사, 미지산, 용문사를 거쳤는데, 상원사 숲에서 사리, 꽃비, 감로, 이상한 향기의 상서들이 전과 같이 나타났다. 한양에 이르자 또 사리, 감로, 수타미의 상서가 한꺼번에 나타나 전후로 얻은 것이 모두 7천8백17개였다. 아아! 부처님의 신통변화를 이처럼 직접 눈으로 보고 체험하였다. 이에 감동하여 백성들과 함께 발 구르고 기뻐하면서 마침내 크게 사면령을 내려 큰 자비를 베풀었다.

예전에 부처가 열반에 들자 인도 왕사성 사람들이 금을 모아 불상을 만들었다. 당시 문수보살이 53개의 불상을 금종金鐘에 넣어 바다에 띄우면서 맹세하였다. '인연이 있는 국토에 이르러 중생을 구제하면, 내가 응하여 그곳으로 가서 영원히 보호하겠다.' 이에 그 금종이 우리나라까지 떠밀려 와 스스로 이 산 동쪽에 멈추었다. 그러자 신라왕이 사찰을 창건해 불상을 안치하고 절 이름을 유점사楡岾寺라고 하였다. 금강산 안팎에 사찰이 몇이나 되는지 모르지만 그중에서 유점사가 가장 좋은 절이다. 산은 이미 담무갈보살이 상주하는 곳이고, 사찰은 금불상이 스스로 멈춘 절이다. 복의 밭을 갈고 선의 뿌리를 심는 자가 이 절을 버리고 어디로 가겠는가?

생각해 보면 유점사는 창건한 지 너무 오래되어 점점 퇴락하고 있다. 이에 관리에게 명하여 관에서 다시 수리하려고 한다. 가깝게는 우리 신하와 백성을 위하고 멀리는 이웃 나라를 위한 일이다.

선행의 씨를 뿌려 그 열매를 함께 먹으며 태평을 누리고자 한다. 우리 부처님께서는 세상에 나와 대자비를 베풀어 중생을 구제하겠다는 마음을 내셨다. 그러니 시방세계가 모두 하나의 사찰이고, 삼계욕계, 색계, 무색계가 모두 한몸이다. 귀국은 자고로 부처님의 덕화를 숭상하는 나라이니 또한 즐겁게 듣고 기쁘게 따를 것으로 생각한다. 이제 귀국의 상선商船이 돌아가는 길에 나의 이러한 소망을 알린다. 내가 시주를 바라는 것은 아니다. 국왕과 함께 좋은 인연을 맺어 신묘한 열매를 함께 거두고, 이웃 간의 우호를 더욱 굳건히 하며, 양국의 백성이 동시에 장수하기를 소원하는 것이다. 이를 밝게 알기 바란다. 이제 토산물을 보내 정성을 표시한다. 별도로 목록을 보내니 대조하여 수령하기를 바라노라. 이만 줄인다." _

세조 12년(1466) 윤3월 28일

3-5. 도적질한 야인을 토벌하다—경진북정*

여진족의 계획적 노략질

함길도 도절제사 양정楊汀이 급하게 사람을 보내 보고하였다.

"벌인伐引: 함경도 회령 부근에 사는 올량합兀良哈: 우량하. 여진족의 한 부족 김저비동합이 와서 첩보하기를, '아비거가 군사 1천여 명을 규합해 사지斜地: 회령 서쪽에 주둔하다가, 1월 20일 전후로 회령을 침략할 것이다'라고 하였습니다. 이에 신은 군사들을 거느리고 회령으로 달려갔는데, 가서 보니 우리 군사는 모두 7백여 명이었습니다. 신은 군대를 셋으로 나누어 적들을 기다렸습니다.

* 세종과 세조 대에는 여진 세력이 왕성했다. 압록강 상류 건주위에서는 추장 이만주가, 두만강 유역에서는 올량합 추장 낭발아한이 여진족들을 규합했다. 이들은 종종 조선 변경을 노략질했는데, 특히 낭발아한은 여러 번 변경을 침입하고 조선 통사에게 화살까지 쏘았다. 이에 세조는 낭발아한을 사로잡아 참수한다(세조 5년). 이 일로 올량합 1,500여 명이 복수를 빌미로 월경하여 노략질을 했고, 세조는 이듬해인 경진년(庚辰年)에 국경 너머 올량합을 토벌한다. 이것이 신숙주가 주장(主將)으로 참여한 '경진북정'(庚辰北征)이다. 또 세조 13년에 명나라 요청으로 조선의 골칫거리였던 건주위 토벌에 나서는데, 이때 조선군은 악명 높은 이만주를 처치하고 승전을 거둔다. 이 전투가 '정해서정'(丁亥西征)이다.

지난 1월 20일, 정말로 아비거가 여진족 1천5백여 명을 거느리고 회령 장성長城* 밖에서 주둔하다가 목책을 허물고 쳐들어왔습니다. 신이 출병해 교전하다가 적 20여 명을 죽이자 적들은 후퇴해서 동속로첩목아童速魯帖木兒의 집 앞에 주둔했습니다. 신은 다시 돌아와 회령성을 지키고 있었는데, 적들이 밤에 다시 장성 문을 불태우고 목책을 헐었습니다. 이튿날 적들이 다시 길을 나누어 쳐들어왔기에 신은 부대를 거느리고 있는 힘껏 대적해 적들을 패퇴시켰습니다. 신이 회령에서 30여 리 떨어진 고보아하古堡兒下까지 추격하다 돌아왔는데, 죽인 적군은 50명입니다. 적들은 소와 말, 그리고 병장기를 매우 많이 버리고 도주하였습니다. 우리 군사 중에 화살에 맞아 죽은 자는 4명입니다." _ 세조 6년(1460) 1월 28일

약탈자의 뻔뻔한 귀순

함길도 도체찰사 신숙주가 급하게 사람을 보내 보고하였다.

"올량합 등이 주을온과 허수라동에서 사로잡아 간 남녀 10명을 돌려보냈습니다."

또 아뢰었다.

"지난번 올량합 등이 종성을 노략질할 때 두난대豆難歹가 우리 만호 송헌을 죽였는데, 이번에 포로를 돌려준다며 우리 진영에 왔

* 세종이 육진을 설치하며 두만강 유역에 설치했던 직선으로 길게 쌓은 성.

었습니다. 그런데 두난대가 송헌을 죽이고 빼앗은 그의 옷과 안장, 그리고 가죽신을 착용하고 왔습니다. 송헌의 자제들이 그것을 보고 애통해하며 활로 쏘아 죽이려는 걸 수령이 억지로 말렸습니다. 두난대 등이 처음에 송헌을 붙잡아서 살려 두고는 그 살점을 하나하나 도려냈고, 도절제사와 수령 등이 어디에 있는지를 물으며 배를 가르고 얼굴 껍질을 벗겨 죽였습니다. 그럼에도 공공연히 그때 송헌에게 빼앗은 것을 착용하고 왔으니, 거리낌 없고 방자하기가 이를 데 없습니다. 바로 잡아다가 추국해 죄를 다스리는 것이 마땅합니다. 하지만 겨우 달래 여기까지 오게 했는데, 오고 나서 죄를 준다면 다른 자들이 놀라서 도망갈 것입니다. 또한 이후 우리가 군사를 일으키더라도 우리의 하수인이 될 자가 없을 것입니다. 장차 얻고자 하는 바가 있으면 지금은 반드시 주어야 합니다. 우선은 참고서 내버려 두고, 가을철을 기다리십시오." _ 세조 6년(1460) 5월 2일

인내심을 갖고 때를 기다리라

임금이 손수 글을 써서 양정과 홍윤성에게 말하였다.

"지금 경들의 보고를 들으니 귀순한 적들이 태반임을 알겠다. 형세를 보아하니 반드시 모두 숫자대로 귀순할 것이다. 이는 다름이 아니고 적들이 오랜 전투로 피폐해져 귀순하지 않을 수 없기 때문이다. 그러나 변방의 환란을 막는 일은 장담할 수가 없다. 전의 일만 보더라도, 내가 여진인을 보살피는 데 지극하지 않은 적

이 없고, 저들도 나에게 귀순하는 데 정성을 다하지 않은 적이 없다. 그런데 하루아침에 한 사람이 분을 내며 선동하자, 모든 적들이 바람에 휩쓸리듯 배반하였다. 이는 다름이 아니라 우리를 두려워하는 마음은 크지 않고, 도적질을 좋아하는 욕심은 크기 때문이다. 경들은 정정당당하게 위엄을 보이고 분노를 가라앉히라. 하늘에 천둥이 치듯 늠름하여라. 적들에게 예측할 수 없는 허송세월을 오랫동안 보내게 하라. 그리하면 적들은 당연히 제풀에 흩어질 것이다. 그때를 틈타 적개심을 가지고 정벌한다면 적중에 살아남는 자가 없을 것이다." _ 세조 6년(1460) 3월 13일

7개월의 인내, 그리고 출정

임금이 신숙주를 교태전으로 불러 만나 보고 술을 올리게 하였다. 그리고 신숙주의 손을 잡고 남쪽 난간을 조용히 거닐며 여진 정벌을 결단하였다. 이후 병조 판서 한명회, 이조 판서 구치관, 도승지 이극감 등을 불러 충순당으로 나갔는데, 다시 한명회·구치관과 함께 조용히 거닐면서 여진 정벌을 결단했다고 알렸다. 영의정 강맹경과 우의정 권남에게는 집에 환관 전균을 보내 의논하게 하였다. 그리고 즉시 신숙주를 강원·함길도 도체찰사 및 선위사로 삼고, 홍윤성을 부사副使로 삼았다. 바로 그날 신숙주 등이 종사관 등을 거느리고 길을 떠나게 되었는데, 임금이 신숙주에게 하교하였다.

"경에게 함길도의 군무를 모두 맡긴다. 부장 이하의 군사들 가

운데 지시를 따르지 않는 자가 있으면 경이 군법으로 처리하라."

지난해 우리 조선이 올량합 추장 낭발아한을 참수했는데, 여진인들이 이를 빌미로 여러 번 변경을 침범하였다. 또 적들은 낭발아한의 일을 명나라 사신 마감馬鑑에게 호소하면서 침략을 계속하려 하였다. 그런데 마감이 오히려 적들을 편들었기 때문에 임금이 매우 분노해 여진 정벌을 결단하였다. 임금은 적이 정벌 소식을 듣고 놀라서 도망칠까 염려하였다. 이에 신숙주를 함길도로 보내 명나라 사신 마감을 우리 관사로 초청해 후하게 대접한 후에 한양으로 올려 보내게 하였다. 그리고 곧이어 강원도와 함길도의 병사들을 진격시켜 적들의 본거지를 끝까지 찾아 토벌하게 하였다. _ **세조 6년(1460) 7월 27일**

완벽한 승전! 경진북정

함길도 도체찰사 신숙주가 군관을 보내 아뢰었다.

"신이 여러 장수들과 함께 길을 나누어 적을 토벌하고 그들의 소굴을 모두 없애고 돌아왔습니다. 전투에서 잡아 죽인 적이 430여 명이고, 불태워 없앤 집이 900여 채이며, 나머지 재산도 함께 불태웠습니다. 죽이거나 빼앗아 온 소와 말은 1천여 마리입니다."

임금이 기뻐하며 승전보를 전한 군관에게 선물을 내렸다. 그리고 북정北征이 성공했음을 종묘에 고하게 하였다. 근정전에 나아가니 대소신료들이 하례하는 글을 올렸다. _ **세조 6년(1460) 9월 11일**

3-6. 여진인과 왜인은 모두 나의 신하이다

세조의 조정에 선 5백 명의 여진인과 왜인

정월 초하루, 임금이 망궐례천자에게 절하는 의식를 행하고 조정 관리들의 하례를 받았다. 이 자리에 왜인과 여진인 5백여 명이 품계에 따라 차례로 섰다. _ 세조 2년(1456) 1월 1일

여진인들의 귀순 행렬

함길도 절제사 곽연성郭連城에게 교지를 내렸다.

"여진인과 왜인은 모두 우리나라의 울타리이고, 모두 나의 신하이자 백성이다. 왕이 된 자는 그들을 똑같이 보고 차별 없이 대우해야 하며, 때로는 군사를 써서 다스리고 때로는 은혜를 베풀기도 해야 한다. 작은 폐단이 있다고 해서 우리를 따르고 복종하려는 이들의 마음을 거절할 수는 없다. 내가 즉위한 이후로 남쪽의 왜인과 북쪽의 여진인들 중에서, 우리에게 복종하겠다며 찾아오는 자들이 매우 많다. 이들이 모두 나의 백성이 되기를 원한다. 이는

하늘이 그렇게 하는 것이지 내 개인의 지혜 때문이 아니다. 다만, 이들이 한양을 오가는 길에 백성들의 노고가 크고, 국가에서도 접대하는 어려움이 잇따르고 있다. 이에 지금 필요한 지침을 경에게 내린다." _ 세조 3년(1457) 7월 29일

활 솜씨 좋은 여진인을 한양으로 보내라

임금이 경회루 아래에 나아가 활 쏘는 것을 구경하니 종친과 대신들이 입시하였다. 임금이 여진인 김벌대金伐大 등 25명을 불러서 보고, 우리 무사들과 함께 활을 쏘게 하였다. 화라온火剌溫: 여진부족 조린가照麟可가 과녁을 명중시키니 비단옷과 활과 화살을 내려 주었다. 나머지 과녁을 맞춘 자들에게도 각각 면포와 활을 내려 주었다. 임금이 김벌대와 낭누시합浪婁時哈에게 술을 올리게 하고 낭누시합에게 말하였다.

"지금 활을 쏜 자들은 일반적으로 등용된 관리가 아니라 재주가 있어 특별히 뽑힌 관리들이다. 너희 고을에도 활을 잘 쏘는 자가 있으면 보내오라. 내가 또한 이들과 똑같이 대우할 것이다."

낭누시합이 대답하였다.

"소인에게 활 잘 쏘는 아들이 하나 있으니 마땅히 보내겠습니다. 그렇게 대우해 주신다면 다른 재주 있는 자들이 어찌 오지 않겠습니까?"

임금이 말하였다.

"활을 잘 쏘는 자를 얻더라도 나는 진실로 쓸 데가 없다. 다만 재주 있는 자를 아낄 뿐이다." _ 세조 6년(1460) 1월 18일

금대(金帶)를 찬 여진 호위 무사들

여러 장수, 승지, 호위 군사들이 활 쏘는 것을 보려고 임금이 경회루 아래로 행차하였다. 이때 마침 행行* 성균관 주부 최지, 전 사헌부 감찰 최한정 등이 『병요』를 교정하는 일로 경회루 경내에 들어와 있었다. 그런데 임금이 지나가는데도 쪼그려 앉아 일어나지 않았다. 임금이 이들의 무례를 꾸짖으면서 겸사복 이거아첩가李巨兒帖哥에게 이들을 나무라게 하였다. 이거아첩가가 말하였다.

"우리는 귀화인인데도 임금 앞에서는 예의와 법도를 차릴 줄 안다. 그런데 너희들은 선비라고 하면서도 이와 같이 무례하구나. 우리는 금대金帶: 2품 이상 관리의 각대를 찼는데 너희가 아직도 오대烏帶: 정7품~종9품 관리의 각대를 차는 것은 이 때문이다."

임금이 겸사복 낭장가로浪將家老에게 말하였다.

"너희 아비는 어찌 나를 보러 한양에 오지 않는가?"

"신이 이미 전하를 모시고 있는데 아버지까지 와서 전하를 뵈오면 다른 여진인들이 저희를 꺼릴까 두렵습니다. 그 때문에 아직까지 오지 못한 것입니다. 그러나 소식을 전했으니 아마 서늘해지

* '행'(行)은 품계가 높은 사람이 낮은 관직에 임명될 때 쓰는 칭호이다.

는 가을을 기다려 반드시 올 것입니다." _ 세조 7년(1461) 6월 23일

왜인 중에서도 호위 무사를 뽑으라

세조 1년, 일본국 각지에서 사신으로 보낸 왜인들이 모두 6천116명이었다. _ 세조 1년(1455) 12월 8일

경상도 관찰사 등에게 교지를 내렸다.

"북방의 여진인들 중에는 조정에 들어와 나를 모시는 자들이 많다. 그런데 삼포의 왜인들은 항상 국내에 거주하면서도 조정에 입시하는 자가 없으니 내가 매우 민망히 여긴다. 경들은 입시할 만한 자를 서너 명 엄선하여 한양으로 올려 보내라. 내가 장차 발탁해 등용하겠다." _ 세조 2년(1456) 6월 3일

임금이 왜인 신사야문申沙也文의 이름을 김신문金信文으로 바꾸어 주고 예복을 입고 입시하게 하였다. 임금이 전지하였다.

"너 김신문은 의리를 사모해 충성을 다하고자 하니, 특별히 관직을 하사한다."

김신문은 머리를 조아려 사례하였다. 곧이어 임금이 호위무사인 겸사복으로 임명하였다. _ 세조 3년(1457) 7월 25일

3-7. 장군보다 더 장군다운 왕

사냥은 나라의 군사훈련이다

임금이 의정부에 글을 내렸다.

"사냥이란 백성들을 훈련하기 위한 것으로, 전장에서 필요한 용맹함을 기르고 실전을 시험하는 일이다. 그래서 예로부터 나라를 소유한 자가 가장 먼저 힘쓰는 일이 사냥이었다. 그 때문에 내가 양식을 싸 가지고 다니면서 활과 칼을 차고서 말 위에 오르는 것이다. 여러 장수들과 활을 쏘고 병법을 강론하는 것은 뛰어난 장수를 기르고 나라를 부강하게 하기 위해서다. 그런데 지금 조정의 관리들은 이런 군사훈련을 한가한 여가로만 여긴다. 너무 어리다거나 너무 늙었다는 이유로 훈련에 참여하지 않는 자들도 있다. 이들은 부모의 뒷배에 의지하거나 나라에서 너그럽게 봐줄 것이라 생각한다. 훈련이 고되다고 원망을 품거나 비방하는 마음을 갖기도 한다. 이들은 사냥에 나가지 않는 것이 현명한 일이라 생각하고 나라의 위엄을 두려워하지 않는다. 사냥은 실전이 아니기 때문에 그동안 나는 그들을 용서해 왔다. 그런데 이제 그 방자함이 점점 심해져 군령이 크게 무너졌다. 어찌 이처럼 그릇된 일을 방관만 할 수 있겠는가? 지금부터 법을 어기는 자는 반드시 군법대로 처리할 것이니 조금의 착오도 없게 하라. 너희 의정부는 이 사실을 나라 안팎에 널리 알려 백성 모두가 스스로 알아서 살피게 하라." _ 세조 7년(1461) 10월 13일

군대의 소란을 단숨에 잠재우다

임금이 관원을 파견해 경기도 개성부, 충청도, 전라도, 경상도의 병사들을 징발하게 하였다. 이때에 이르러 징발한 병사들을 살곶이서울시 성동구 부근 들판에 모이게 했는데, 기병은 모두 8천840기騎였고, 보병은 8백 명이었다. 좌찬성 황수신을 지응사支應使: 총괄 행사 담당로 삼고, 화천군 권공을 좌상대장으로 삼고, 판한성부사 김사우를 우상대장으로 삼았다.

임금이 교태전으로 행차해 병조 참판 김질과 우부승지 한계희를 불러 직접 강무 훈련을 받으라고 명했다. 권공과 김사우는 임금의 명을 받고 군사들과 먼저 출발해 녹양평경기도 의정부시에 주둔하였다. _ 세조 7년(1461) 2월 28일

다음 날, 임금이 종친과 대신들을 거느리고 녹양평에 가서 군사들이 사냥하는 것을 구경하였다. 그런데 군율이 엄하지 않고 대오가

정돈되지 않았으므로 임금이 여러 장수들을 불러 말하였다.

"강무講武는 한가로운 유람이 아니라 병법을 가르치고 점검하는 일이다. 지금 여러 도에서 훈련도 안 된 병사들을 징발하였고, 장수들은 병졸들을 가르치는 데 군율을 따르지 않는다. 이런 식이라면 군졸들은 필시 병법이 이런 것이라 여길 것이다. 만일 실제로 변란이 있게 되면 장차 이런 병사들을 어디에 쓰겠는가? 장수들이 모두 공신들이라 내가 더 이상은 문책하지 않겠지만, 대체 이 일을 어찌해야 하는가?"

저녁에 어가가 포천에 머물렀는데, 임금이 병조 참판 김질을 불러 물었다.

"군대 안이 시끄러운데 이게 무슨 일인가?"

"군사들이 무기를 보관한 장소를 찾지 못해 소리치며 떠드는 소리입니다."

임금이 말하였다.

"군대는 엄숙하게 정돈된 것을 귀하게 여긴다. 이토록 소란한데도 병조에서 금하지 못하니, 내 달리 할 말이 없다. 지금 당장 군진 밖에 있는 8개의 문에 각각 횃불을 설치해 밝히고, 깃발을 세워 군졸들에게 무기가 있는 곳을 알게 하라. 그러면 저절로 소란이 사라질 것이다."

즉시 김질 등에게 명하여 8개의 문에 횃불을 밝히고 깃발을 세워 소란을 잠재웠다. _ **세조 7년(1461) 2월 29일**

언제 어디서나, 기습적인 군사훈련

임금이 후원에서 군사훈련을 하려고 귀성군 이준 등에게 먼저 가서 준비하게 하였다. 또 집상전에서 자신의 업무를 설명하던 종친과 관리들도 모두 후원으로 가게 하였다.

잠시 후 임금이 중전과 세자와 함께 새로 지은 정자에 올랐다. 임금이 군대를 9개로 나누고 9명의 장수를 세웠다. 그리고 각각 군사 200여 명을 통솔하여 군진을 펼치게 하였다. 임금이 장수들을 불러 훈련 규칙을 요약해 설명하였다.

"후원에서 기르는 돼지들을 몰이해서 잡으라. 단, 화살을 쓰지 말고, 칼도 쓰지 말고, 기발한 계책을 써서 잡아라. 돼지를 상하게 하는 자는 군법으로 다스리겠다."

시작을 알리는 북이 울리자 여러 장수들이 앞다투어 추격했는데, 돼지를 잡아서 바친 사람은 세 명이었다. 이극균이 군사를 부리는 데 가장 능통했으므로 그를 가상하게 여겨 술을 올리게 하였다. 또 이극균에게 상을 내리고, 통솔한 군사들에게도 특별 급여를 내려 주었다.* _ 세조 13년(1467) 5월 1일

* 별사(別仕): 조선의 포상 방법 중 하나. 근무 일수를 더 쳐줘서 녹봉을 더 받게 하는 포상이다.

군졸들을 몸소 시찰하다

이시애가 처형되고 반란이 평정되었다. 이에 임금이 가마를 타고 시위하는 군사들을 순찰해 보았는데, 우두머리가 되는 자들에게 명하여 술을 올리게 하고 말하였다.

"애초에 내가 몸소 출정하려고 너희들을 선발했다. 그런데 지금 역적이 이미 평정됐으니 너희를 속히 돌려보내야 한다. 하지만 너희들 중에 그대로 남아서 시위 군사가 되고자 하는 자가 있다면, 특별히 재주 하나씩을 시험해 군대에 소속시키려고 한다. 어떠한가?"

군사들이 이구동성으로 응답하였다.

"진실로 바라던 바입니다." _ 세조 13년(1467) 8월 21일

군졸과 생사고락을 함께하라

사정전에 나아가 정창손, 구치관, 그리고 여러 장수와 승지들을 불러 술자리를 베풀었다. 둔병장수屯兵將: 주둔 군사의 장수 박황朴煌이 하직하자 임금이 앞으로 불러 말하였다.

"네가 지금 둔병장이 되었으니 모든 군사의 일은 하나같이 도총사 이준李浚의 지휘를 따르도록 하라. 도총사가 너에게 나가서 싸우라고 하면 싸우고 주둔하라고 하면 주둔하고, 네 마음대로 행하지 말라. 네가 장수가 됐다고 교만하게 으스댄다면 군졸들이 너를 미워할 것이다. 그들을 멸시하고 무시하는 마음을 갖는 것도

아름다운 일이 아니다. 옛말에 이르기를, '명령한 것이 자신들에게 좋은 것이 아니면 백성들은 따르지 않는다'라고 하였다. 그러니 너는 마땅히 삼가고 조심하고 겸손해야 한다. 병졸들이 먹지 못하면 너 또한 먹지 말고, 병졸들이 자지 않으면 너 또한 자지 말라. 병졸들과 생사고락을 함께하고 이것을 장수의 도리로 삼으라. 너는 마땅히 이를 명심해야 한다." _ 세조13년(1467) 8월 11일

3-8. 모든 권력은 왕에게 있어야 하는 법

즉위하고 가장 먼저 한 일! 육조직계제*

임금이 의정부에 전지하였다.

"상왕(단종)이 나이가 어려서 나랏일은 모두 의정부의 정승들에게 위임하고 그 논의에 따라 시행하였다. 이제 내가 천명을 받아 대통을 이었으니, 나라의 사무를 모두 직접 듣고 결단하여 선대 왕들의 옛 법을 회복하겠다. 지금부터 사형수 처결을 제외한 모든 사무를 의정부를 거치지 말고 육조에서 나에게 직접 아뢰어라." _ 세조 1년(1455) 8월 7일

* 육조직계제(六曹直啓制): 조선의 기본 정치체제는 의정부서사제(議政府署事制)였다. 나라의 실무는 육조(병조, 형조, 이조, 호조, 공조, 예조)에서 나누어 맡았는데, 의정부서사제에서는 육조가 업무를 의정부에 보고한다. 의정부는 육조에서 올라온 보고 내용을 논의해 임금에게 올리고, 임금은 그것을 최종 승인한다. 이러한 제도는 왕의 국정 장악을 제한하는 경향이 있다. 그래서 왕권 강화를 주장했던 태종과 세조는 의정부서사제를 폐지하고 육조직계제를 택한다. 육조직계제는 중종 대까지 이어진다.

직계제를 반대하는 육조 판서들

임금이 사정전에 나아가니, 병조 판서 이계전, 호조 판서 이인손, 예조 참판 하위지 등이 승지를 통해 아뢰었다.

"신 등이 엎드려 내리신 어명을 보니, 앞으로는 의정부를 거치지 말고 육조에서 각자 그 직무를 전하께 직접 보고하라 하셨습니다. 신 등이 생각해 보니, 우리 조선은 태조께서 처음 개국하셨을 때부터 크고 작은 일을 모두 의정부에서 먼저 논의한 후에 전하께 아뢰었습니다. 지난 태종 12년에 잠시 이 제도를 폐지했지만, 세종조에 다시 회복해서 지금까지 이어져 오고 있습니다. 청컨대 선왕의 법을 그대로 따르십시오."

임금이 승지 박원형을 불러 병조 판서 이계전 등에게 전교하였다.

"옛날에 삼정승은 도道라는 큰 틀에서 나라를 경영했고, 실제 사무는 육조 판서가 맡아 책임졌다. 나는 이 제도를 따라서 나라의 사무를 직접 육조와 논의하겠다. 만약 경들이 육조의 직임을 감당하지 못하고 정승에게 의지해야겠다면 사퇴하는 것이 옳다."

이계전이 대답할 말이 없어 하위지를 돌아보고 물었다.

"전하의 하교가 이러하니 장차 무어라 아뢰어야 하겠는가?"

하위지가 승지를 통해 임금께 아뢰었다.

"주나라 제도에 따르면, 삼공三公: 태사, 태부, 태보은 세상의 이치를 넓게 강론했고, 그다음 재상인 삼고三孤: 소사, 소부, 소보는 세상을 두루 교화했으며, 육조의 경대부는 실제 직무를 나누어 맡았습니다. 당시 삼공과 삼고는 직접 실무에 참여하지는 않았지만, 사실상 재상의 총재冢宰가 되어 육경과 함께 나라를 다스렸습니다. 신들은 주나라 제도를 따라 의정부 정승들이 육조 판서와 먼저 논의한 후에 임금께 보고하게 하시길 원합니다."

임금이 승지를 시켜 물었다.

"이와 같이 오만방자한 말을 누가 꺼냈는가?"

이계전이 어쩔 줄 몰라 두려워하며 아뢰었다.

"하위지와 신이 함께 말했습니다."

반대하는 하위지의 머리채를 잡아채다

즉시 이계전과 하위지 등을 불러들이고, 임금이 하위지에게 관모를 벗으라 명하고 말하였다.

"나랏일을 총재가 결정하는 것은 임금이 죽었을 때의 제도이다. 너는 내가 죽었다고 생각하느냐? 아니면 내가 어려서 정무를 처결할 수 없을 것이라 생각하느냐? 끝내 왕권을 아랫사람에게 옮기려는 것이냐?"

임금이 군졸에게 명하여 하위지에게 곤장을 치게 하니, 운성 부원군 박종우가 아뢰었다.

"하위지의 죄가 비록 무겁지만 임금이 신하에게 직접 이럴 필요는 없습니다. 청컨대 해당 관청에 내려 처리하십시오."

임금이 승지 박원형을 시켜 하위지의 머리채를 잡고 끌고 나가 의금부에 가두게 하였다. 임금이 전지하였다.

"하위지가 대신들에게 아부하며 나를 어린아이 취급하고, 망령되게 고사를 인용하며 자신의 현명함을 뽐냈다. 국가의 모든 사무를 의정부에 넘기고자 하였으니, 이를 추국해 보고하라."

하위지의 목을 벨 것이다

임금이 사인舍人 조효문을 불러 당상관들에게 전교하였다.

"의정부에서 육조의 일을 처리하지 못하게 하는 것은, 경들의 권한을 빼앗으려는 것이 아니다. 의심하지 말라. 하위지는 내일 마땅히 극형에 처할 것이니 그리 알라."

임금이 의금부에 전지하였다.

"내일 하위지를 저잣거리에서 참수하여 훗날 두 마음을 품는 자들을 경계시키라." _ 세조 1년(1455) 8월 9일

내 특별히 용서한다

의금부에서 국문하여 아뢰니, 임금이 하위지를 불러오게 하고 승지들에게 전교하였다.

"하위지의 오만함은 어제오늘 일이 아니다. 상왕단종 시절 내가 영의정이 되어 충성을 다해 나랏일을 돕고 있는데, 하위지가 나에게 말하였다. '원컨대 영상은 문종을 자자손손 진심으로 보필하셔

야 합니다.' 이것이 비록 취중의 말이라지만 실상은 나를 의심한 것이다. 또 문종 시절 내가 하위지와 함께 『병요』를 편찬했었다. 내가 그때 함께 일했던 자들의 관직을 높여 달라 문종께 청하였는데 유독 하위지만 사양하였다. 그 또한 큰 잘못이다. 이제 또다시 용서받지 못할 죄를 지었지만, 이 사람은 평소 정직하기로 이름이 났고 나는 나의 과실에 대한 직언을 듣고자 한다. 하여 특별히 관대한 법을 따를 것이다."

이어서 승지를 시켜 하위지에게 명하였다.

"오늘 일로 해서 나에 대한 직언을 망설여서는 안 된다. 다만 육조직계의 일은 다시 말하지 말라. 너는 학술이 바르지 못하니 마땅히 속히 고쳐야 한다."

임금이 명하여 다시 직무를 보게 하였다. _ 세조 1년(1455) 8월 10일

3-9. 고치고 또 고친 경국대전

육전상정소六典詳定所의 당상관들이 새로 지은 『경국대전』經國大典의 초안을 바쳤다. 이에 임금이 각 조목을 하나하나 의논해 결정하였다. 또 여러 종친들에게 각자 소견을 가지고 임금 앞에서 논박하고 의논하게 하였다. _ 세조 13년(1467) 7월 29일

육전상정소의 최항, 김국광 등이 『경국대전』을 편찬해 바치니, 예종이 최항과 김국광에게 각각 매 1마리씩을 내려 주었다. 도승지 권감이 아뢰었다.

"『경국대전』을 편찬하는 일은 세조께서 가장 신경 쓰신 일입니다. 비록 종묘에 두루 고告하지는 못하더라도 청컨대 세조의 신주를 모신 영창전永昌殿에는 고하십시오."

예종이 그대로 따랐다.

세조는 우리나라의 법제가 지나치게 번거롭고 자잘하다고 여겨서 6개의 항목으로 고쳐 정했다. 고금의 법전을 참고하여 세세

한 절목은 버렸고 큰 강령만 남겨 간략하게 하였다. 그러나 개정을 시작한 지 5~6년이 지나도록 겨우 형전刑典과 호전戶典만 완성했는데, 이때에 이르러 6전典을 거의 완성하였다. 『경국대전』의 형전과 호전은 거의 모두 세조가 직접 지었다. _ 예종 1년(1469) 9월 27일

四 • 말보다 행동! 몸으로 뛰는 민생정치

4-1. 실무에 깐깐한 왕, 쩔쩔매는 신하

민생의 일을 칠판에 적어 두다

임금이 일찍이 자리 오른쪽에 분판칠판을 두고 일이 생기면 바로 기록해 두었다. 매일 산림, 축산, 농업, 길쌈 등 10여 개 조목을 줄지어 쓰고, 이를 승정원에 내보이며 널리 권장할 방도를 의논하였다. 임금이 말하였다.

"이것은 내가 분판에 기록해 둔 것들이다. 제멋대로인 기억보다는 거칠게라도 써 두는 것이 낫다. 승정원에도 분판이 있는가?"

이에 앞서 동부승지 김수녕金壽寧이 분판을 써서 일을 잊지 않도록 대비했는데, 좌부승지 이계손이 말하였다.

"일을 할 때에는 스스로 암기를 해야지 어찌 분판을 쓰는가?"

이에 이계손이 무안해하였다. _ 세조 9년(1463) 7월 30일

출장 보고서의 꼼꼼한 검토

임금이 비현합에 나아가니 종친과 대신들이 입시하였다. 임금이

경상도 군적사軍籍使 권반權攀, 전라도 군적사 강노姜老를 불러, 직접 군적 조사에서 발견한 착오에 대해 물었다. 권반과 강노가 옳으니 그르니 변명을 늘어놓자 임금이 말하였다.

"너희가 교묘하게 만 가지 말로 변명한다 해도, 조사해 온 군적이 일의 조목과 다른데 많은 말이 무슨 소용인가? 맡긴 일은 모두 도외시하고 오로지 유람만 일삼았기에 이 지경에 이른 것이다. 너희가 어디에 마음을 쓰는지 알지 못하겠다."

권반 등이 엎드려 있었는데 땀이 흘러 등을 적셨다. 임금이 영의정 신숙주를 불러 다시 군적 조사의 절차를 논의하게 하였다. _ 세조 11년(1465) 8월 6일

외교 문서의 오자를 찾아내다

임금이 곁에 있는 사람들에게 말하였다.

"지금 여진에게 사로잡혔던 명나라 사람을 본국으로 되돌려 보낸다. 그런데 이를 알리는 외교문서에 오자誤字가 있었다. 어제 승문원承文院: 외교문서 관리 관청의 관리들을 불러 물었더니 오직 조안정趙安貞만이 간신히 대답할 뿐, 나머지는 입이 코처럼 숨만 쉬었다."

신숙주가 대답하였다.

"신들도 그 글을 보았는데 오자를 찾지 못했습니다. 진실로 신의 잘못입니다."

임금이 말하였다.

"방대하고 복잡한 글 가운데 나도 요행히 발견한 것이다. 승문원 관리 중에 쓸 만한 자가 누구인가? 차례차례 불러 이문吏文: 중국과의 외교문서에 쓰이는 문체을 강론해야겠다."

이에 참교 신의경辛義卿이 가장 먼저 들어왔다. 임금이 두어 가지 언어를 물었는데, 대답한 것이 대체로 임금의 뜻에 부합하였다. 임금이 말하였다.

"신의경이 조급하여 실수가 있었지만 이문에 대해서는 조금 아는구나. 이하의 사람들은 묻지 않더라도 신의경만 못할 것이 분명하다. _ 세조 14년(1468) 5월 8일

4-2. 백성들의 피땀, 국가 경비의 기준을 만들다

나라에 필요한 경비의 기준안을 마련하라

임금이 서찰을 보내 호조에 전지하였다.

"위로부터 아래에 이르기까지 생명을 살리는 도리는 날마다 쓰는 음식에 달려 있을 뿐이다. 내가 일찍이 생각해 보니, 위를 봉양하는 것이 지나치게 후하기 때문에 아래에서 공급을 감당하기 어려운 것이다. 이에 백성들은 생계를 꾸릴 수 없어 서로 뭉쳐 도적이 되고, 도둑을 맞은 백성은 재산을 잃고 곤궁해져 그 또한 도적질을 면치 못한다. 이는 윗사람이 백성을 몰아 도적을 만드는 것이다. 윗사람을 후하게 봉양하는 폐단이 백성이 없어지는 데까지 이르니, 중하게 여기지 않을 수 있겠는가?

나는 즉위한 이래로 검소와 절약에 힘써 왔다. 이에 상정소詳定所를 세워 국가에 소용되는 비용을 상세히 계산해 그 규모를 결정하게 하였다. 담당 관리들은 '윗사람에 관한 일은 지나치게 검약할 수 없고, 대신에게 공급하는 물자도 줄일 수 없다'라고 생각한다. 그러나 전혀 그렇지 않다. 내게는 한 말의 쌀과 한 동이의 술을 쓰면 족하다. 그러니 호조는 즉시 상정소와 논의해 궁궐에서부터 지방 관청에 이르기까지 일체의 경비에 대해 빠짐없이 기준안을 만들도록 하라. 그 기준에 따라 우리 백성들이 정해진 전세田稅, 공부貢賦·군역軍役 외에는 하나도 더 내지 않게 하여, 생업을 온전히 다스리게 하라." _ 세조 2년(1456) 10월 30일

식례 횡간의 완성을 독려하다

임금이 식례 횡간式例橫看*을 만들어 나라에서 쓰는 각종 경비의 기준안을 만들고자 하였는데, 오래도록 완성하지 못해 염려하였다. 이에 영순군 이부, 하성위 정현조에게 명하여 조정 관리들을 거느리고 가서 날마다 횡간의 일을 보고하게 하였다. 또 관리들을 궁궐에서 늦게까지 근무하게 하고, 외출도 허락하지 않았다. 임금은 비록 병환 중이라도 보고를 받았고, 보고가 끝난 후에야 귀가를 허락하였다. _ 세조 9년(1467) 11월 22일

* 식례 횡간은 각 부서별로 1년 동안 사용할 국가 경비의 기준안이다. 세조는 즉위 초부터 식례 횡간을 제정하는 일에 착수하고 재위 기간 내내 수정에 수정을 거듭한다. 식례 횡간의 제정으로 관청의 연간 경비의 기준이 마련돼 국가 예산을 규모 있게 관리할 수 있게 되었다. 식례 횡간은 오른쪽에서 왼쪽으로 칸을 나누어 물목과 경비를 표로 만들었다.

횡간의 착오를 모두 찾으라

임금이 창덕궁 보경당에서 대신들에게 술자리를 베풀고 좌의정 조석문, 무성군 윤자운, 행호군 구종직에게 말하였다.

"공물貢物: 백성이 바치는 토산물은 나라의 큰일이고 백성의 생계와도 관계된다. 지금 횡간에 정해진 공물의 규모를 보니, 어떤 것은 지나치게 적어 사용하기에 부족하고 어떤 것은 지나치게 많아 백성에게 손해를 끼친다. 하여 안철손安哲孫에게 그것을 개정하라 명했는데, 그가 착오를 제대로 찾아내지 못하고 있다. 백성을 보살피는 데 뜻이 없는 자다. 경들은 모두 유학자라 일을 처리하는 데 능통할 것이니, 모름지기 마음을 다하라. 구종직64세은 비록 늙었지만 정신이 흐리거나 기력이 쇠하지는 않아서 일을 맡길 만하다."

또 임금이 조석문에게 농담으로 말하였다.

"이 일에 정력을 다 쓴다 해도 그대의 수염이 더 세지는 않을 것이다. 경은 두려워하지 말라. 조석문이 여진을 정벌정해서정하고 오더니 수염이 거의 다 세었구나."

임금이 또 말하였다.

"횡간 수정이 모두 끝나는 날, 그대들은 모두 나의 앞으로 오라. 내가 그대들이 일하는 곳으로 갈 수도 있지만, 그리하면 그대들은 의관을 벗을 수도 없고 편안하게 앉을 수도 없어 고통스러울 것이다. 그러나 내가 수시로 살펴보고 감독한 이후에야 일이 완성될 것이니, 경들은 꺼리지 말라." _ 세조 13년(1467) 10월 15일

딱, 횡간에 정해진 대로 집행하라

승정원에서 교지를 받들어 경기도, 충청도 관찰사에게 전하였다.

"임금이 행차할 때 공급하는 여러 물품은 이미 횡간에 상세하게 정해 놓았다. 정해진 것 외에는 물건 하나도 넘치게 마련하지 말고, 도로, 교량, 행궁도 수리하지 말라. 혹시라도 그렇게 하지 않으면 용서하지 않겠다." _ 세조 11년(1465) 7월 24일

4-3. 빗속을 뚫고 재난 현장으로!

도롱이를 걸치고 뛰쳐나가다

5고鼓: 새벽 3시~5시경에 도성 북문 밖에 있는 북소北所: 군사들의 북쪽 합숙소 건물이 무너져 숙직하는 군사들이 깔려 죽거나 부상을 당했다. 임금이 이를 듣고 놀라서 단지 도롱이짚으로 만든 비옷만 걸치고 도성 북문 밖으로 뛰어나갔다. 궁궐에서 숙위하던 장수들은 모두 임금을 따라가지 못했는데, 임금이 매우 노해 그들을 꾸짖었다. 임금의 위엄이 우레가 치듯 진동하니 여러 장수들은 다리만 후들후들 떨면서 아무 말도 하지 못했다.

임금이 몸소 현장을 감독하고 돌아보며 죽은 자를 수습하고 부상자에게 약을 썼다. 가엾은 마음에 눈물을 흘리며 정오가 되도록 수라도 들지 않았다. 당시 비가 그치지 않자 중전이 사람을 보내 술을 드시라 청하였다. 임금이 말하였다.

"시체를 보고서 술을 마시는 것은 인정상 차마 하지 못하겠다. 올리지 말라."

임금이 서원군 한계미, 동부승지 윤필상 등에게 부상자들을 치료하라고 명한 후에 환궁하였다.

이에 앞서 북소 건물이 기울어져 선공 판관 이종현李宗顯에게 감독해서 수리하게 하였는데, 미처 10일도 지나지 않아 건물이 무너졌다. 이에 이종현을 의금부에 하옥해 국문하고, 구조에 늦게 참여한 장수와 의원들을 국문하였다. _세조 10년(1464) 5월 17일

이때 북소에서 죽은 군사가 15명이고, 부상당한 자가 40명이었다. 임금이 명하여 죽은 사람에게는 쌀 10석을 내려 주고 그 집에 세금을 10년간 면제해 주었다. 부상당한 사람에게는 쌀 3석을 내려 주고 2년간 세금을 면제해 주었다. _세조 10년(1464) 5월 20일

한밤중에도 인가를 살피다

이날 큰비가 내렸다. 삼경밤 11시~1시에 임금이 경복궁 영추문을 열게 하고, 궁궐에서 숙직하고 있던 관원과 군사들을 내보냈다. 이들은 각각 사복시궁중의 말을 관리하는 관청의 말을 타고, 임금의 표신을 받아서 한양의 동부, 서부, 남부, 북부, 중부로 파견되었다. 물가에 있는 인가와 기울어져서 위태한 가옥을 살펴서 다른 곳으로 옮기도록 하였다. _세조 5년(1459) 5월 28일

직접 비 새는 곳을 살피다

임금이 승정원에 전지하였다.

"내가 직접 궐내 여러 관청의 비 새는 곳을 살피고자 한다. 대궐 서쪽에 있는 관청에서 사람들을 물러나게 하라."

임금이 중전과 함께 젊은 종친들을 거느리고 여러 관청을 두루 살펴보았다. 이때 승정원에 있던 도자기와 상의원에 있던 면포와 비단을 밖으로 내어서 젊은 종친과 궁인들에게 나누어 주었다. _

세조 10년(1464) 2월 10일

4-4. 나라 곳간을 가득 채운 개간

농기구를 들고 농토를 만들다

애초에 수양대군이 농사에 뜻을 두고 세종께 후원 연못을 메워 밭으로 만들겠다고 청했었다. 세종 18년1436년, 세종이 북쪽 동산을 모두 경작하고자 했는데, 사람들은 모두 어렵다고 반대하였다. 그러나 수양대군이 홀로 찬성하고 직접 농기구를 들고 이틀 만에 밭을 모두 갈았다. 이에 세종이 수양대군에게 『농서』를 내려 주었다.

_ 세조 총서

직접 개간지를 시찰하다

임금이 동소문오늘날 혜화문 밖에 있는 다야원 냇가에 행차했는데, 여러 대신과 종친이 어가를 따랐다. 임금이 한명회에게 명하여 비어 있는 땅을 골라 가운데를 나누어 경계를 구분하고, 그 주변에 수십 평의 논을 만들게 하였다. 그리고 젊은 종친아종(兒宗)*과 병조판서 김질에게 명하여 그 위에 있는 냇물을 막아 주변으로 물길을 열어 새 논에 물을 대고 관찰하게 하였다. 그러나 훗날 물이 넘쳐 해를 입었고 전지가 모두 모래로 덮였다. _ 세조 11년(1465) 6월 4일

종친들이 먼저 시범을 보이라

임금이 충순당忠順堂: 경복궁 후원에 있던 전각에서 활 쏘는 것을 구경하고 종친과 2품 이상의 대신들을 앞으로 나오게 하였다.

"강원도, 황해도, 그리고 평안도에 있는 경작할 만한 빈 땅을 내가 일찍이 경들에게 나누어 주고 개간하라 명하였다. 그런데 지금까지 개간하지 않고 있으니, 호조는 어찌 이리 태만한가? 이런 일은 마땅히 임금 가까이에 있는 귀한 사람이 먼저 시작해야 하니, 모름지기 종친에게 먼저 나누어 주는 것이 맞다."

운성부원군 박종우가 말하였다.

"신은 벌써 땅을 받아서 개간했습니다."

임금이 웃으며 말하였다.

"경은 제 자랑을 하고 있군."

뒤이어 권남이 말하였다.

"신도 이미 개간하게 하였지만, 아직 비옥한 숙전熟田이 되지는 못했습니다."

* 세조 10년 1월 1일에 이런 기록이 보인다. "영순군(永順君) 이부(李溥), 귀성군(龜城君) 이준(李浚), 은산부정(銀山副正) 이철(李徹), 하성위(河城尉) 정현조(鄭顯祖) 등이 매일 2인씩 교대로 궐에 들어와 근무했는데, 임금이 이들을 아종(兒宗)이라고 불렀다."

임금이 말하였다.

"두 사람에게는 마땅히 상을 주어야겠고, 호조 판서에게는 벌을 내려야겠다."

조석문이 당시 호조 판서로 있었다. _ 세조 6년(1460) 11월 12일

나라의 곳간이 가득 차다

군사 물자를 보관하는 큰 창고인 대창大倉이 완성되었다. 이때에 나라에 비축한 물자가 너무 많아서 기존의 창고에 모두 수용할 수가 없었다. 이에 군자감에 명해 앞서 철거한 인가의 땅을 좌우로 나누어 큰 창고를 짓게 하였다. 호조 판서 조석문 등에게 일을 감독하게 하였는데, 이때에 이르러 완성을 고하였다. _ 세조 9년(1463) 5월 21일

호조에서 아뢰었다.

"지금 큰 창고는 단지 12칸인데, 내년에 조세를 걷으면 보관할 곳이 부족합니다. 청컨대, 창덕궁에 있는 좌우 행랑 227칸을 대창도감에게 명해 미리 수리하게 하십시오. 그래도 부족하면 관리들이 머무는 조방朝房을 관원의 수를 헤아려서 한 칸이나 두 칸, 혹은 서너 칸씩을 비워 창고를 만드시길 청합니다."

임금이 그대로 따랐다. _ 세조 10년(1464) 7월 1일

4-5. 백성에게 수령을 고소할 권리를 주다

세종도 하지 못한 일, 부민고소*를 허하라!

임금이 교지를 내렸다.

"『한서』漢書에 말하기를, '조정 관리는 위로는 조정에서 왕을 받들고, 나가서는 백 리 고을을 다스리니, 진실로 적임자가 아니면 백성들이 재앙을 당한다'라고 하였다. 이처럼 백성들의 생사고락은 실로 가장 가까이 있는 지방 관리들에게 달려 있다. 하여 수령이 얼마나 백성을 아끼고 보살피는지, 얼마나 부지런하고 태만한지 살피지 않을 수 없다. 하여 이제부터 8도에 어사를 보내 순행하면서 지방 관리들을 규찰해 다스릴 것이다. 그러나 규찰하는 조목이 너무 번잡하고 가혹하면, 털어서 먼지를 찾아내는 것과 같아진다. 그러면 필시 사람들이 소란스럽게 동요하는 폐단이 있을 것이

* 부민고소(部民告訴) 금지법: 백성들이 관할 수령을 고소하거나, 하급 관리가 상급 관리를 고소하는 것을 금지하던 법이다. 수령을 백성의 어버이로 보아, 자식이 부모를 고발할 수 없다는 논리가 적용됐다. 이 법으로 백성들은 억울한 일이 있어도 호소할 길이 없었다.

고, 큰 뜻에도 어그러진다. 또 각 도道의 관찰사들이 있어 이미 수령들을 단속하고 있으니, 일일이 따져 탄핵하는 것은 불필요하다. 하지만 탐욕을 부리거나, 백성을 학대하는 일은 내가 매우 미워하는 일이다. 이 두 가지 일은 어사에게 전권을 일임해 낱낱이 따져 밝힐 것이다. 또 고을 백성들이 자신의 억울하고 원통한 일을 옛 제도에 따라 고소하는 것을 허용한다. 그리하면 기필코 탐오貪汚한 행위가 저절로 그쳐서 우리 백성들이 편히 생업에 종사할 수 있을 것이다. 의정부는 나의 이 지극한 뜻을 받들어 나라 안팎에 널리 알리라." _ 세조 1년(1455) 11월 8일

관리들의 반발, 세조의 고집

겸판통례문사兼判通禮門事 이중윤李中允이 아뢰었다.

"국가에서 '백성들의 고소를 듣는 법'을 세웠더니 백성들이 하나라도 자기에게 불편한 일이 있으면 문득 허위로 일을 꾸며 수령을 고소합니다. 또 그 고소가 거짓과 기만에서 나왔더라도 벌을 주지 않습니다. 무릇 수령은 한 고을의 부모입니다. 아들이 아비를 고소하는 것도 의리에 맞지 않은데, 하물며 하지 않은 일을 꾸미는 자는 말할 것도 없습니다. 청컨대 백성이 수령을 고소하는 것을 금하십시오."

임금이 말하였다.

"그렇다면 수령의 불법한 일을 군주가 어떻게 알겠는가?"

이중윤이 아뢰었다.

"관찰사는 수령들을 평가하고 관리할 책임이 있습니다. 만일 불법한 자가 있는데도 내쫓지 않았다면 그 책임은 관찰사에게 있습니다."

"너는 하나만 알고 둘은 알지 못한다."

마침내 임금이 이중윤의 말을 글로 써서 승정원에 보이고 말하였다.

"백성의 고소를 금하면서 수령의 죄를 관찰사에게 연좌한다면, 어느 관찰사가 무사할 수 있겠는가? 또한, 관찰사에게만 맡기면 임금은 눈과 귀가 멀게 되고, 관찰사는 수령의 잘못을 고하지 않게 된다. 백성들도 호소할 곳이 없게 되고 수령들도 방종하게 될 것이다. 그러면 어찌할 것인가? 이중윤은 생각이 없는 자라고 할 만하다." _ 세조 4년(1458) 4월 24일

고소를 막으려는 수령들

사헌부에서 아뢰었다.

"경상도 감영의 노비 박산 등이 진무鎭撫: 군사 담당 관리 최경유 등을 고소하려 하였습니다. 이에 경상도 절제사 조수문이 크게 노해 이들의 발바닥을 때렸는데, 발이 절단돼 열흘도 못 돼 죽었습니다. 그 죄가 참형에 해당합니다. 비록 사면령이 내려졌지만 징계하지 않을 수 없으니, 청컨대 법률에 따라 처리하시고, 진무 최경유

등도 자세히 심문하도록 하십시오."

임금이 최경유는 먼 변방의 군인으로 삼고, 조수문은 파직한 후 외방으로 유배 보냈다. _ 세조 7년(1461) 9월 27일

수령의 보복을 막으라

경상도, 전라도, 충청도, 강원도, 평안도 관찰사에게 유시하였다.

"지난번에 내가 대관臺官: 사헌부 관리들을 파견해 관리들의 비리를 규찰하고, 백성들이 스스로 억울한 일을 고소하게 하였다. 그런데 이제 고소당한 수령들이 고소한 자들을 원망하며 모질게 괴롭힐까 염려된다. 그대 관찰사들은 수령들이 보복하는 일을 엄격하게 금지하라. 만일 백성들을 괴롭히는 자가 있다면 수령 이하의 사람들은 중죄로 논할 것이니, 모두에게 이 뜻을 알리라." _ 세조 2년(1456) 2월 27일

4-6. 세조판 신문고! 광화문의 제비뽑기

낮은 자의 목소리를 듣는 법

임금이 백성에게 이로운 것과 해로운 것, 정치의 잘된 것과 잘못된 것을 듣고자 했지만, 백성들이 스스로 아뢸 수 없는 것을 염려하였다. 하여 서기書記와 사관史官에게 명하여 매일 돌아가면서 광화문 밖으로 나가, 호소할 말이 있는 사람들에게 제비를 뽑게 하고, 그가 한 말을 기록해 아뢰도록 하였다. 그러면 임금은 직접 그것을 묻고 조치하였다. 군대에서는 도총부 낭관이 이 제도를 시행했는데 군사들이 날마다 있는 일상처럼 여겼다.

이어 임금이 방을 붙여 백성들에게 알렸다.

"지금 서울과 지방의 양인과 천인, 그리고 노비들 중에는 정치의 잘된 것과 잘못된 것, 백성에게 이로운 것과 해로운 것에 대해 말하고자 하는 사람이 있을 것이다. 또는 억울한 일을 당해 원통함을 품고서도 스스로 아뢸 수 없는 자도 있을 것이다. 그런 자들은 매일 진시辰時: 오전 7시~9시에 광화문 밖에 와서 제비를 뽑고 문

기를 기다리라." _ 세조 12년(1466) 6월 25일

온양 행궁에서 통곡하는 백성들

임금이 온양에 갔는데 행궁 남문 밖에 방榜을 붙였다.

"나, 오위도총관 귀성군 이준이 친히 임금의 전지를 받든다. 이곳의 일체 백성들 중에서 억울함을 따지고자 하는 자가 있다면 모두 이 표식 아래에 와서 아뢰어라."

이에 억울함을 호소하는 자가 날마다 백 명을 헤아렸다. _ 세조 14년(1468) 2월 20일

일전에 윤덕녕이 통곡하며 억울함을 호소해 임금이 그것을 처리해 주었다. 이후로 멀고 가까운 백성들이 조금이라도 불평이 있으면 행궁 근처에서 땅에 엎드려 통곡하였다. 임금이 명하여 모두 즉시 해결해 주었기 때문에 밤마다 통곡소리가 끊이지 않았고 소란이 일어났다. 이에 새로이 방을 붙였다.

"지금 이후로 원통함을 고하려고 하는 자는, 모두 남문 밖에 있는 의금부를 통해 아뢰어라. 만일 밤에 통곡을 해서 그 소리가 임금의 처소에 들리게 한다면, '임금의 거처를 침범한 죄'衝突儀仗律로 논할 것이다."

그런데도 그치지 않았다. _ 세조 14년(1468) 3월 7일

4-7. 백정 신철산의 억울함을 풀어 주다

몸소 사형수를 만나다

임금이 온양에 행차해 인근 고을의 사형수를 모아 직접 사건을 검토하고 판결하였다. 이날 홍주의 강도 신철산의 차례가 되었는데, 임금이 그를 불러 보고 물었다.

"너는 몇 살이고, 갇힌 지는 몇 해이며, 지은 죄는 무엇인가?"

신철산이 대답하였다.

"나이는 15세이고 갇힌 지는 3년이 되었습니다. 수령이 억지로 강도라는 죄명을 씌웠는데, 저는 본래 지은 죄가 없습니다."

임금이 좌찬성 김국광 등에게 말하였다.

"경 등이 보기에는 이와 같은 자가 강도일 수 있겠는가?"

김국광이 대답하였다.

"강도짓을 하려면 필시 나이가 들고 힘이 강해야 합니다. 어찌 이처럼 가냘프고 보잘것없은 자가 할 수 있겠습니까?"

임금이 말하였다.

"경의 말이 진실로 나의 뜻과 같다."

즉시 신철산에게 솜옷 한 벌을 내려 주고 풀어 주었다.

임금이 신철산의 일을 조사하기 위해 면천군수 김자성 등을 잡아 오게 하고 직접 국문하였다. 그런데 김자성의 대답이 임금의 뜻에 많이 어긋났으므로, 즉시 무관을 시켜 그를 끌어내 가두었다. 또 보령 현감 최각 등도 김자성과 함께 신철산을 조사했기 때문에 잡아 오게 하였다. _ 세조 14년(1468) 2월 20일

거짓 장물과 거짓 조서임을 밝히다

임금이 의금부에 전지하였다.

"면천 군수 김자성 등은 백정 신철산을 국문하면서, 그를 수정사水精寺에서 베옷과 반포남색 줄무늬 옷감를 훔친 강도라고 지목하였다. 그리고 처음에 체포했던 석을석의 아내는 조사도 하지 않고 풀어 주었다. 또 관에서 수색해 찾아냈다는 장물에는 수정사의 표식이 없는데도 수정사의 물건이라 지목하고 증거품으로 삼았다. 그리고 신철산은 나이가 어린데도 조서에는 22세라고 적혀 있었다. 홍주 판관 박원충과 보령 현감 최각 등은 이 사건을 재심하면서도 한결같이 김자성 등의 의견을 그대로 따랐다. 심문한 초안을 자세히 살펴보지도 않고 억지로 취조하였으니 모두 심문하라." _ 세조 14년(1468) 2월 26일

4-8. 한양에 출몰하는 범을 잡다

소격동에 나타난 표범

행호군 이준생李俊生이 아뢰었다.

"신이 소격전경복궁 동편에 위치한 관아에서 숙직하는데, 사람들이 말하기를, '소격동 골짜기 안에 표범이 있는데 저녁 무렵이면 출몰한다'라고 하였습니다."

임금이 즉시 좌찬성 구치관을 주장主將으로 삼고, 이조 판서 이극배를 좌상대장으로, 예조 판서 조효문을 우상대장으로 삼았다. 임금이 광화문 앞에 나와서 여러 군사들을 지휘했는데, 일이 급박하여 소집된 군사가 적은 것을 염려하였다. 이에 각 관청에 군사를 보내 몰이할 사람을 모아서 어가를 따르게 하였다. 이때 병조 참판 김국광이 아뢰었다.

"지금 여러 관청의 관리들은 사헌부 관원들에게 창고를 점고받으며 물건을 출납하고 있습니다. 어가를 따르라 독촉한다면 창고 문을 닫을 때에 간사하게 속이는 일이 생길까 두렵습니다."

임금이 김국광의 말을 따랐다. 어가가 백악산북악산 산허리에 이르러 여러 군사들이 몰이하며 내려왔지만 끝내 표범을 잡지 못했다. 이에 해가 질 무렵 환궁하였다. _ 세조 8년(1462) 1월 22일

표범이 백악산에 있다면 눈과 비가 온 뒤에는 반드시 발자국이 있을 것이라 생각하였다. 이에 행行 상호군上護軍 조득림趙得琳 등에게 표범을 추적하라고 명하였다. 잠시 후 조득림이 아뢰었다.

"신이 내불당경복궁 북쪽 불교 사당 북쪽에 가 보니 개고기가 땅에 버려져 있고, 그 옆에 표범이 있었습니다."

임금이 여러 장수들을 거느리고 백악산 연굴암 동쪽 고개에 행차하였다. 임금이 화포를 쏘게 하니 표범이 놀라서 뛰쳐나왔고, 임영대군 이구가 활로 쏘아 죽였다. 이에 임영대군에게 말 1필, 사슴가죽 1장, 표범 깔개 1장을 내려 주었다. _ 세조 8년(1462) 1월 24일

경복궁 뒤편에 호랑이가 나타났다

어떤 사람이 와서 호랑이가 궁궐 뒤쪽 백악산으로 들어갔다고 고하였다. 임금이 경복궁 북쪽으로 행차해 말을 머무르게 하고 따라온 종친과 대신들을 불러서 술자리를 베풀었다. 그리고 겸사복 이양생李陽生에게 호랑이의 흔적을 찾으라 명하였다.

환관 박존수朴存壽는 남보다 체구가 작고 왜소했는데, 일찍이 과장하여 말하곤 하였다.

"내가 맨손으로 호랑이를 때려잡을 수 있다."

임금이 박존수를 불러 말하였다.

"오늘이 바로 네가 호랑이를 때려잡을 날이다."

박존수가 머리를 조아리며 말하였다.

"신이 맨손으로 할 수는 없지만, 만약 긴 창이나 큰 칼이 있다면 가능할 것 같습니다. 겸사복 이양생과 함께 가길 청합니다."

임금이 크게 웃으며 길을 안내하는 우인虞人 한복련韓卜連에게 박존수를 데리고 가서 호랑이를 찾으라고 했다가, 잠시 후에 중지시켰다.

임금이 백악산에 올라갔는데, 호랑이가 낭떠러지 골짜기에 숨어 있어서 활로 쏘아 죽였다. _ 세조 13년(1467) 11월 19일

4-9. 왕이 직접 쓴 『의약론』*

임금이 『의약론』醫藥論을 짓고 한계희, 노사신 등에게 보였다. 그리고 임원준에게 명해 주석을 달고 인쇄해서 반포하게 하였다. 의약론은 이러하였다.

병을 치료하는 두 가지 원칙

"대개 병을 치료하고 약을 쓰는 일은 길흉을 바꾸고, 조화를 이루고, 화복禍福을 결정하는 일이다. 이는 다만 '열증인지 한증인지를 판단하여 그에 대처해 치료'하고, 그 기운이 '왕성한지 쇠약한지에 따라서 빠르게 조처'하는 두 가지 일에 달려 있다. 여덟 종류의 의원도 여기서 벗어나지는 않는다.

사람이 처음 병에 걸렸을 때는 기운이 왕성해 약의 효력이 쉽게

* 세조의 『의약론』(醫藥論)은 임금이 직접 쓴 최초의 의서다. 세조는 세종과 함께 의학에 관심이 높았던 임금 중 하나다.

나타나고 독한 약도 쓸 수 있다. 그러나 몸이 이미 피로해지고 나면 약의 효력도 나타나지 않고 독한 약도 쓸 수 없어 어찌할 도리가 없게 된다. 그러므로 '왕성한지 쇠약한지에 따라서 빠르게 조처'한다고 말하는 것이다.

몸이 차면 어딘가에 반드시 열기가 있고, 열이 있으면 어딘가에 반드시 한기가 있다. 그러나 몸의 안팎과 중간 어디에 한기와 열기가 있는지, 또 어디에 한열이 많고 적은지는 분별하기가 어렵다. 미묘한 곳을 깊이 진맥하는 자가 아니면 구별하기 쉽지 않다. 술로 인해 설사를 하는 경우에는, 몸이 차다고 해서 열약熱藥을 먹으면 설사가 그치지 않고 다른 증세가 나타난다. 이런 때에는 얼음물을 많이 마시면 마실수록 좋다. 열이 지극하면 냉기가 있음을 알 수 있고 냉기가 지극하면 열이 나는 것을 알 수 있다. 그러므로 '차고 더운 것을 분별해 그에 대응해 치료한다'고 말하는 것이다. 부스럼, 천연두, 감기에 대한 약제藥劑를 만드는 이치도 여기에서 벗어나지 않는다. 약을 쓰는 일은 다만 이러할 뿐이니, 만약 기운이 떨어지고 마음이 상하여 사람이 더 이상 다스릴 수 없을 때에는 약을 쓰지 않는 것이 더 낫다."

8종류의 의원들

"무엇을 일컬어 8종류의 의원八種之醫이라고 하는가? 첫째는 심의心醫요, 둘째는 식의食醫요, 셋째는 약의藥醫요, 넷째는 혼의昏醫요,

다섯째는 광의狂醫요, 여섯째는 망의妄醫요, 일곱째는 사의詐醫요, 여덟째는 살의殺醫이다.

심의心醫는 사람의 마음을 편안하게 하여 병자의 마음을 동요하지 않게 한다. 하여 병이 위중해지는 때에도 진실로 큰 해를 입지 않게 한다. 병자가 원하는 것을 정성껏 따르는 의원인데, 마음이 편안하면 기운도 편안해지기 때문이다. 그러나 병자와 함께 술 마시며 취하는 자는 심의가 아니다.

식의食醫는 음식을 달게 먹게 하는 의원이다. 입이 달면 기운이 안정되고 입이 쓰면 몸도 괴로워진다. 음식에도 차가운 것과 뜨거운 것이 있어서 각각의 병에 맞춰 대응할 수 있다. 어찌 시큼털털하고 쓰디쓴 마른 풀과 썩은 뿌리만 약이라 할 수 있겠는가? 그렇다고 과식을 금하지 않는 자가 있다면, 그는 식의가 아니다.

약의藥醫는 처방전에만 의지해 약을 쓸 줄 알아서, 위급하고 곤란한 때가 되어도 줄곧 약만 권하는 자이다.

혼의昏醫는 위태한 상황에서는 혼미해지고 급한 상황에서는 태만해지는 의원이다. 몽롱하고 실성한 듯 망연히 앉아 조치할 바를 모른다. 그러므로 사태를 보고도 무슨 일인지 알지 못하고, 말을 들어도 무슨 뜻인지 이해하지 못한다. 그저 우두커니 앉아 졸면서 해야 할 바를 알지 못하는 자이다.

광의狂醫는 자세히 살피지도 않고서 갑자기 독한 약과 큰 침을 쓰면서도 거리낌이 없는 의원이다. 그러면서 스스로 말하기를 '나는 귀신을 만나도 공격해 이길 수 있다'라고 호기를 부리는데, 이런 자는 무당이 굿을 할 때면 문득 들어가 술에 취해 춤을 추는 자이다.

망의妄醫는 목숨을 구할 약이 없으면 마땅히 병에 대해 논의해서는 안 되는데, 가장 먼저 달려가 참견하기를 그치지 않는 자이다.

사의詐醫는 의원이 되고 싶어 하지만 실제로는 치료를 잘 못하는 자이다. 사실상 의술을 온전히 알지 못한다.

살의殺醫는 자신의 작은 총명함을 믿고서 스스로 유능하다고 생각한다. 그러나 세상일에 경험이 없어서 사람과 하늘의 이치에 통달하지 못하고, 병자를 측은하게 여기는 마음도 없다. 병과 싸워 이기기를 고수하면서, 동쪽의 것을 가지고 서쪽의 것을 치료한다. 먼저 말을 하고 나중에 자세히 살피는데, 살펴서도 알지 못하면 억지로 아무거나 끌어다 붙이지만 올바른 이치에는 부합하지 않는다. 알 만한 사람들에게 이런 자가 어찌 창피를 당하지 않겠는가? 하여 이런 자는 어리숙한 사람들에게 제 실력을 자랑하지만, 정작 신神과 사람은 소홀히 여긴다. 이는 사람들을 미혹하는 업보의 씨앗을 뿌리는 것이니, 당장 나타나는 재앙이 없다 해도 어느 때에 그 버릇을 고치겠는가? 이런 자를 살의라고 하는 것이다. 살의는 어리석은 자가 아니라 자신만 옳고 다른 사람은 그르다고 여기는 거만한 무리이다. 이런 자들은 최하의 쓸모없는 의원으로, 마땅히 제 한 몸을 죽이는 게 낫지 다른 사람을 죽여서는 안 된다.

그 밖에 무심한 의원無心之醫도 있다. 필시 '생명'生이라는 것은 본래 '생명이 없음'無生에서 생긴다. 생명에 집착하지 않으면 병이 없고, 병이 없으면 치료할 일도 없으며, 치료할 일이 없으면 아무 일 없이 평안하다." _ 세조 9년(1463) 12월 27일

4-10. 몸으로 익히는 『주역』

『주역』을 읽으면 밝아질 것이다

세조가 경연에 나아가니 시강관 양성지가 아뢰었다.

"과거 시험에 강경講經: 경서 강독을 도입한 이후로는 과거를 준비하는 자들이 모두 경서經書를 읽는 데 마음을 씁니다. 그러나 사서오경은 이치가 크고 분량도 많아서 학자들 중에서도 이치에 통하는 자가 많지 않습니다. 고려에는 성균관에 구재九齋를 두고 사서와 오경을 모두 가르쳤고, 한나라에는 사서오경을 전문으로 하는 교육 제도가 따로 있었습니다. 이러한 제도는 모두 시행할 만합니다. 과거 시험을 준비하는 사람뿐만 아니라, 집현전·홍문관·예문관·교서관 유생들도 강습하는 것이 좋겠습니다."

임금이 말하였다.

"오직 하나의 책만 연구하면 학문이 넓지 못해 혹 걸리고 막히는 곳이 생긴다. 내가 세종 대에 여러 책들을 편찬하면서 많은 학문을 두루 섭렵했다. 율려음악와 풍수에 이르기까지 읽고 연구하지 않은 것이 없었다. 그러나 이러한 책들은 강독시킬 만한 것이 못 된다. 다만 『역경』과 같은 책은 지극히 정교하고 심오하다. 상경과 하경의 64괘는 그래도 이해하기 쉽지만, 도설圖說: 도상과 해설과 「계사전」繫辭傳: 공자의 『주역』 이론서은 매우 정밀하고 미묘하다. 하여 이 책에 밝게 되면 이른바 '바다를 본 사람에게는 웬만한 물은 물로 보이지 않는다'는 것처럼, 많은 서책을 읽지 않더라도 스스로 밝아질 것이다. 『주역』을 권장할 방법을 집현전과 의논해 아뢰도록 하라." _ 세조 2년(1456) 3월 18일

『주역』을 세 번 통달한 유생만 과거를 보라

임금이 예조와 병조에 전지하였다.

"내가 문풍文風을 일으키고 무사의 기개를 진작시켜, 인재를 육성해 나라의 근본을 세우고자 한다. 앞으로 유생은 『역경』의 도설을 세 번 통달한 자, 무사는 1백 근짜리 활을 당길 수 있는 자에게만 과거 시험을 허가하라. 꼭 정원을 채울 필요는 없으며, 인재의 숫자에 따라 시험해 뽑을 것이다." _ 세조 3년(1457) 5월 3일

세조가 지은 『주역구결』

임금이 성균관 학자 정자영·구종직·유희익·유진을 불러서, 모두 앞에 나와 『역』易을 논하게 하였다. 임금이 전교하였다.

"네 사람은 『주역』의 이치를 정밀하게 깨쳤으니 내가 특별히 우

대해 다른 선비들에게 본을 보이고자 한다.

내가 보니, 정이천의 『주역』程傳은 뜻이 잘 통하지만 주희의 『주역』朱傳은 정이천의 『주역』에 미치지 못한다. 그러므로 내가 정이천의 역易을 근거로 『주역』에 조사와 어미를 붙여 구결口訣: 문장을 끊어 조사를 붙이는 일을 하였다."

이어 임금이 그들에게 직접 구결한 『주역』을 상호 논변하게 하였다. 그런데 정자영과 유희익은 문장 해석에만 얽매였고, 유진은 대답이 조금 능통했지만 임금의 뜻에 따라 주희가 정이천보다 못하다고 하였다. 또 구종직은 술에 취해 횡설수설하다가 동료 정자영이 주희보다 낫다고까지 하였다. 임금이 웃으며 말하였다.

"구종직이 늙어서당시 61세 저런 말을 하는 것이지 별 뜻은 없을 것이다. 그대들은 각자 맡은 공부를 부지런히 하면서 늙어서도 게으르지 않으니, 내가 매우 기쁘다."

임금이 구종직·정자영 등에게 옥관자玉貫子를 단 망건을 하나씩 내려 주고, 당상관에 제수하였다. 또 유희익은 한 등급 관작을 올려 주고, 유진은 병조 좌랑에 제수하였다. _ 세조 11년(1465) 10월 6일

겸예문兼藝文* 학자들을 좌우 두 편으로 나누고, 임금이 정한 『주역

* 세조는 집현전을 폐지한 후 학문과 정책 연구를 예문관으로 이관했다. 그러나 예문관 정원에 한정이 있으므로, 조정 관리 중 학문이 뛰어난 사람들을 겸예문에 임명했다.

구결』과 권근權近이 정한 『주역구결』의 다른 곳을 표시해 나누어 주었다. 임금이 경연을 할 때마다 임금과 권근 중 어느 쪽의 구결이 옳은지 토론하게 하였다. _ 세조 11년(1465) 10월 9일

『주역구결』* 을 반포하다

임금이 세자와 종친, 그리고 대신들과 함께 성균관에 행차하였다. 이어 공자 사당에 제사 지내고 직접 지은 『주역구결』을 반포하였다. 세자를 여러 유생들 사이에 앉게 하고 큰 잔치를 베풀었다. 임금이 학관의 여러 학생들에게 『주역구결』을 읽고 어려운 것을 묻게 했는데, 무릇 시험에 응시한 사람이 3천여 명이었다. 문과 중시重試를 이날 함께 시행하였으나, 비가 내려서 예를 마치지 못하고 환궁하였다. _ 세조 12년(1466) 3월 5일

* 『어정주역구결』(御定周易口訣): 실록에서는 『주역구결』(周易口訣)이라고도 부르는데, 책의 정식 이름은 『주역전의구결』(周易傳義口訣)이다. 세조가 직접 『주역』 본문에 한글로 토(吐)를 달아 간행한 책이다. 구결(口訣)이란, 한문에 우리말로 조사나 어미(토 吐)를 붙이는 것을 말한다. 한문은 띄어쓰기나 마침표 등이 없으므로, 어디서 끊어 읽고 어떤 조사와 어미를 붙이느냐에 따라 뜻이 달라진다. 그러므로 구결을 한다는 것은 실질적으로 책을 해석하는 일과 같다. 세조는 친히 『주역』에 구결을 달고 약 3년간 대신과 유생들에게 논변하게 한다.

4-11. 과거 공부만 하는 진부한 유생을 가려내다

경전 대신 시에 대한 과거 시험을 보다

과거 시험을 보았는데, 임금이 직접 출제한 문제는 이러하였다.

"내가 잘 알지 못하지만 본래 시詩란 것이 이렇다고 들었다. 시는 뜻志을 표현한 것이고, 뜻이란 마음이 가는 것이며, 마음이 간다는 것은 감정이 일어난 것이다. 감정이 일어난 것은 이미 형상으로 드러난 것이니, 한번 감정이 일어나면 마음의 근원을 알 수 있다. 시는 유유자적 저절로 읊조리면서 운율이 입에 붙고, 뜻이 마음에 녹아들며, 덕이 몸에 이루어지고, 정치에 보탬이 되는 것을 귀하게 여긴다. 이 모든 것이 시의 가르침이 아닌 것이 없으므로 내가 『반궁역재』泮宮易齋 5장을 지었다. 이에 답하는 글을 지으라."

상식에 구애받지 말고 답하라

문제를 내고 응시자들에게 명하였다.

"답안은 혹은 책策으로, 혹은 논論으로, 혹은 표表로, 혹은 송찬頌

贊으로, 혹은 시부詩賦로 각자 마음대로 작성하고, 상식적인 관례에 구애받지 말라."

이에 문제에 답하는 자들이 각자 자신이 잘하는 것으로 답안을 작성했는데, 아주 짧은 시를 지어 합격한 사람도 있었다. 썩은 유생들은 오로지 과거 공부에만 매달려 진부한 말을 이리저리 엮었는데, 그것으로 답안을 만든 자는 모두 합격하지 못하였다.

사관은 말한다.

"과거란 임금이 인재를 등용하는 방법이다. 예전에는 고을의 원로들이 인재들을 가르쳐 조정에 추천했는데, 이 제도를 향거鄕擧 혹은 이선里選이라 하였다. 그런데 향거와 이선 제도가 폐지된 이후로는 현명한 이들이 천거되는 길이 협소해졌고, 선비들은 스스로 학문에 매진하지 않았다. 이 때문에 과거 제도를 만들었는데, 경전을 암송하는 강경講經으로는 학술을 보고, 정책을 논술하는 시책試策으로는 정치하는 능력을 보았다. 이로써 선비들도 다시 학문을 중하게 여겨, 나라의 재상과 대신들이 모두 과거 시험을 통해 나왔다. 그러나 과거의 표준이 이미 성립되자, 벼슬자리만 탐내는 자들은 모두 전에 지은 것을 답습해 그것으로 답안을 작성했다. 이 때문에 탁월한 인재들이 그 안에서 나오지 않았으니, 임금이 상식적인 관례에 구애받지 말라고 한 것은 마땅한 일이다." _ **세조 12년(1466) 3월 6일**

五• 왕과 신하, 그 위태로운 줄타기

5-1. 킹 메이커, 한명회

수양대군의 야망을 깨우다

한명회韓明澮의 자字는 자준子濬이고, 청주 사람이며, 증 영의정 한기韓起의 아들이다. 어머니 이씨가 임신한 지 일곱 달 만에 한명회를 낳았다. 배 위에 검은 점이 있었는데, 그 모양이 태성台星과 북두칠성*의 모양이었다. 한명회는 일찍 부모를 여의어서 집이 가난했고 스스로 출세할 길이 없었다. 글을 읽고 다소 터득한 바가 있었지만 여러 번 과거 시험에 낙방했다. 한명회는 권남과 함께 마음으로 사귀는 절친한 벗인 망형우忘形友를 맺었다. 둘은 아름다운 산이나 경치 좋은 물이 있다는 말을 들으면 바로 함께 가서 높은 곳에 올라 바라보았는데, 때로는 한 해가 지나도록 돌아오는 것을 잊곤 하였다.

* 태성(台星)과 두극(斗極): 자미원(紫微垣)에 있는 삼태성과 북두칠성을 말한다. 서양 별자리에서는 큰곰자리에 해당한다. 태성은 재상을 상징하고, 북두칠성은 무병장수를 상징한다.

문종 2년, 한명회는 개성 경덕궁敬德宮: 태조 이성계가 왕위에 오르기 전에 살던 사저의 문지기가 되었다. 한번은 영통사황해도 개성에 놀러 갔는데, 한 노승이 주변을 물리치고 말하였다.

"그대의 머리 위에 불꽃이 있으니, 이는 귀하게 될 조짐이오."

이때 문종이 승하하고 단종은 나이가 어려서 나라의 정권이 김종서 등 대신들에게 있었다. 한명회가 권남에게 말하였다.

"지금 주상단종이 어려서 나라가 위태롭네. 간사한 무리들이 제멋대로 권세를 부리고, 또 안평대군 이용세조의 친동생, 단종의 측근은 딴마음을 품고서 대신들과 결탁해 소인들을 불러 모으고 있네. 바야흐로 재변이 목전에 임박하였네. 듣자 하니 수양대군세조은 활달하기가 한나라 고조와 같고, 영특하고 용맹하기가 당나라 태종과 같다고 하네. 진실로 난세를 평정할 재목일세. 그대가 곁에서 대군을 모신 지가 오래되었는데, 은밀한 말로 그 뜻을 떠보는 게 어떠한가?"

권남이 한명회의 말을 수양대군에게 전하였다. 그러자 수양대군이 한명회를 불러 함께 이야기했는데, 한 번 보고도 마치 오래된 친구와 같았다. 드디어 한명회가 수양대군에게 홍달손 등 무사 30여 명을 추천하였고, 계유년단종 1년 10월 10일, 수양대군이 의리를 위해 군사를 일으켜 김종서 등을 베었다. 이후 영의정이 된 수양대군은 한명회를 군기 녹사軍器錄事에 임명했고 수충위사협책정난공신輸忠衛社協策靖難功臣의 작호를 내렸다. _ 성종 18년(1487) 11월 14

일 한명회 졸기 중

계유정난의 주역은 한명회라

임금이 도승지 한명회에게 술을 올리게 하고 말하였다.

"계유정난단종 1년의 세조 정난의 일은 한명회가 했고, 나는 한 일이 없다."

한명회가 세자의경세자에게 술을 올리니 임금이 세자를 돌아보고 말하였다.

"한명회의 술은 다른 사람의 술과 같을 수 없다. 세자 너는 한명회와 함께 마땅히 큰 잔으로 마셔야 한다."

또 종친과 대신들에게 말하였다.

"한명회는 특별한 사람이다."

술자리가 끝나고 대신들이 모두 나갔는데, 임금이 특별히 한명회를 머무르게 하고, 이씨 종친들과 함께 술 몇 잔을 올리게 하였다. 둘이 함께 내전으로 들어가서 오랫동안 머물다가 나왔다. _ 세조 3년(1457) 3월 28일

싸우지 않고 이기는 세조의 책략가

한명회가 강원·함길도 도체찰사가 되어 함길도 국경에 가 있었는데, 종사관 김수녕을 보내 적들을 방어하는 일에 대해 보고하였다. 임금이 교태전에 나아가 김수녕을 만나서 말하였다.

"요즘 여진인들은 과연 잘 따르고 복종하는가?"

김수녕이 대답하였다.

"한명회가 처음 국경에 도착해서 강변의 여러 진영에 명하기를, 배와 뗏목을 만들어 두만강을 건널 준비를 하라고 하였습니다. 또 각 진영마다 방어군 500명을 갖추어 군영에 주둔할 채비를 시켰습니다. 이를 본 알타리斡朶里: 두만강 유역 여진족 등이 한명회를 만나 물었습니다. '배는 만들어서 무엇을 할 것입니까?' 한명회가 대답했습니다. '조만간 군사들과 강을 건너 진군할 것이다.' 그리고 비밀리에 사람을 시켜 개인적으로 알타리에게 다음과 같은 정보를 흘렸습니다. '지금 조정에서는 동북면의 국경이 여전히 불안하다고 생각한다. 그래서 이제 한재상한명회을 파견한 것이다. 한재상은 우리 전하께서 신임하는 대신으로, 팔도의 군사를 모두 통솔하고 있다. 또 형벌과 포상이 모두 한재상의 손안에 있고, 가는 곳마다 공을 세우지 못한 적이 없다. 예전에 왜적을 토벌할 때에는 섬 하나를 모조리 섬멸했는데, 그때 항복했던 자가 지금까지도 우리나라에 와서 복종하고 있다. 너희가 본 적이 없어 모르겠지만, 이제 한재상이 이곳에 왔으니, 너희들은 곧 죽은 목숨이다.' 이 말을 들은 알타리 마구음파馬仇音波가 곧바로 말했습니다. '저희 여진인들은 마땅히 귀순해 명에 따를 것입니다.' 정말로 며칠 후에 여러 여진인들이 연달아 왔는데, 그 수가 수백 명이었습니다."

임금이 물었다.

"저 이리 같은 오랑캐들이 어찌 반드시 순종할 것이라 보장하겠는가?"

김수녕이 대답하였다.

"신은 저자들의 사정을 오래도록 보아 왔는데, 배가 부르면 제멋대로 날뛰고 배가 고프면 남에게 붙습니다. 지금 관군이 날마다 이곳에 도착하는 것을 보고 있으니, 형세상 항복하지 않을 수 없습니다."

임금이 말하였다.

"네 말을 들으니 내가 직접 북쪽 변경에 가 있는 것 같구나. 내가 한명회가 있어 싸우지 않고도 적들을 굴복시켰다. 이른바 '현명한 사람이 높은 성곽長城보다 낫다'라는 말이 이것이리라." _ 세조 7년(1461) 9월 26일

한명회는 용과 같은 사람이다

진휼사기민 구제를 위해 파견된 관리로 하삼도충청·전라·경상도에 갔던 한명회가 와서 경과를 보고하니 임금이 술자리를 베풀어 위로하였다. 한명회에게 물었다.

"하삼도의 군졸들은 훈련이 잘되어 있던가?"

"신이 가서 군사들이 깃발과 북의 신호*를 잘 익혔는지 시험했

* 전투에서는 깃발과 북으로 전진, 후퇴, 작전에 관한 명을 내린다.

습니다. 전라도의 부대들은 아직 대열 짜는 법을 익히지 못했고, 경상도의 부대들은 조금 알고 있었습니다. 그러나 모두 군대의 기본적인 구령도 익히지 못하였으니 장수를 보내서 훈련하는 것이 좋겠습니다."

또 농사의 풍흉과 어촌의 어선 상태를 물었는데, 한명회가 매우 자세하게 대답하였다. 임금이 입시한 종친과 대신들에게 말하였다.

"한공韓公: 한명회의 일 처리가 이처럼 훌륭하다. 훌륭한 사람 중에서도 용龍과 같은 사람이니, 경들은 따라가지 못할 것이다." _ 세조 4년(1458) 6월 19일

점점 커져 가는 한명회의 위세

평안·황해·강원·함길도 도체찰사 한명회가 장차 평안도로 돌아가려 하자 임금이 활 50개와 일의 지침을 내려 주었다. 임금은 한명회를 매우 신임해서 평안도와 함길도의 방어를 모두 그에게 위임했다. 한명회 또한 하지 못할 일이 없다는 생각으로 정성껏 임금을 섬겼다. 이에 한명회를 따르는 사람들은 모두 발탁되었고, 그가 주청하는 일은 임금이 반드시 들어주었다. _ 세조 10년(1464) 8월 15일

한명회의 딸들, 예종과 성종의 빈이 되다

병조 판서 한명회의 딸을 왕세자빈예종의 아내으로 정하였다. 임금

이 형조에 교지를 내렸다.

"나라의 큰 경사이니 마땅히 관대한 은혜를 베풀어야겠다. 오늘 동트기 전에 지은 유배형 이하의 죄는 모두 용서하되, 간사한 도적은 제외하라." _ 세조 6년(1460) 3월 28일

죽은 의경세자의 둘째아들 자을산군훗날 성종이 영의정 한명회의 딸을 아내로 맞이하였다. 임금이 명하여 이씨 종친과 상정소 당상관들에게 자을산군 곁에서 신부를 함께 맞이하게 하였다. _ 세조 13년(1467) 1월 12일

5-2. 세조의 정난을 촉발한 풍운아, 권남

한명회와 함께 세조의 정난에 앞장서다

권남權擥의 자字는 정경正卿이고, 찬성을 지낸 권제權踶의 아들인데, 스스로 호를 소한당所閑堂이라고 했다. 도량이 크고 마음이 활달해 또래 중에서도 뛰어났고, 차분하고 과묵하였다. 어려서부터 독실히 뜻을 세워 학문에 힘썼고, 큰 뜻을 가져 자질구레하게 과거 공부에 얽매이지 않았다. 문장을 쓸 때도 당시 사람들의 안목에 맞추려 애쓰지 않았고, 그 때문에 나이 서른이 넘도록 낮은 관직에도 나가지 못했다. 이에 사람들은 뜻을 굽힐 것이라 생각했지만, 권남은 스스로 고결한 선비라 여겨 개의치 않았다. 이에 그의 평판은 더더욱 높아져 사람들은 모두 정승감이라고 우러러보았다.

권남은 한명회와 자기 자신을 잊을 정도로 친밀한 망형교忘形交를 맺었는데, 스스로 소하와 조참, 관중과 포숙이라고 자처하며 집안의 생계에 신경 쓰지 않았다. 둘은 서로 함께 말하였다.

"사내로 태어나서 창을 들고 말에 올라 전장에서 공을 세울 수 없다면, 마땅히 만 권의 책을 읽어 불후의 명성을 세워야 한다."

처음에 권남의 아버지 권제는 첩에게 빠져 적처인 권남의 어머니를 소홀히 했다. 권남이 울면서 간언했지만 권제는 오히려 매를 때리려 하였다. 이에 권남은 집을 떠나 한명회와 함께 이름난 산을 두루 유람하며 경치 좋은 곳을 샅샅이 찾아다녔다.

문종께서 즉위하시고 직접 시험 문제를 내어 인재를 뽑으셨다. 이때 권남이 당시 시사時事에 대해 답변했는데, 그 말이 매우 적절해서 시험관들이 4등으로 뽑기로 하였다. 그런데 문종이 답안을 보고 권남을 장원으로 뽑았다.

세조께서 계유정난을 일으켜 김종서 등을 제거하게 되자, 한명회와 함께 가장 앞장서서 일이 성공하도록 도왔으므로 정난 1등 공신이 되었다. 세조께서 즉위하시고 이조 참판에 제수되었으며, 길창군吉昌君에 봉해졌고, 좌익 1등 공신의 호를 더하였다. _ 세조 11년(1465) 2월 6일, 권남 졸기 중

세조의 넘치는 총애

권남이 일찌감치 은거하여 병을 치료하고자 했는데 임금이 서찰을 내렸다.

"경은 나에게 있어 '서로 마음을 알고 덕이 합치한다'는 정도로만 말할 수 있는 사이가 아니다. 하늘이 실로 백성을 살리는 대업을 맡기셨으니, 내가 경을 사랑하지 않고 경이 나를 사랑하지 않

았다면 대업을 이루지 못했을 것이다. 종묘사직을 지킨 공로를 가지고 말하더라도, 경에게 털끝만큼이라도 사심이 있고 나에게 털끝만큼이라도 욕심이 있었다면, 물불을 가리지 않고 처자도 버릴 각오로써 화란을 평정할 수 없었을 것이다. 경은 대업을 이룬 주인이다. 나는 경의 병 때문에 다른 사람들처럼 자주 만나지 못해 안타까웠다. 그런데 지금 조정을 떠나 자연에 머물겠다고 하니 놀랍고 한스럽다. 경은 어찌 하늘이 내린 책무를 버리려 하는가?"

이어 권남을 우찬성에 제수하였다.

임금이 편전에 나아가 세자를 어루만지며 여러 신하들에게 말하였다.

"세자는 나의 보배이다."

권남이 말하였다.

"전하의 보배일 뿐만 아니라 나라의 보배입니다."

임금이 상 아래로 내려와 경의를 표하며 말하였다.

"경의 말이 옳다."

임금이 곧 말을 하사하고 우의정으로 올려 제수하였다. _ 세조 11년(1465) 2월 6일

산신 설인귀와 맞짱 뜬 괴짜

권남은 병이 들고부터 오랫동안 조정에 나오지 않았다. 그러다 이때에 이르러 개성에 기도하러 갔는데, 집을 모두 비우고 가서 연달

아 며칠을 머물렀다.

드디어 감악산에서 굿을 하는데 마침 바람이 불고 비가 내렸다. 세상에 전하기를, 감악산의 산신은 곧 당나라 장수 설인귀薛仁貴라고 하였다. 권남이 산신에게 말하였다.

"산신인 그대는 당나라 장수이고 나는 이 나라의 재상이다. 비록 선후가 같지는 않지만, 권세로 보면 서로 비슷한데 어찌 이처럼 야박하게 구는가?"

설인귀의 신을 받은 무당이 산신의 목소리로 노하여 말하였다.

"그대가 감히 나와 서로 겨루려고 하는구나. 돌아가게 되면 병을 얻을 것이다."

권남은 불사佛事를 좋아하지 않았고, 또 집안도 예로써 다스렸다. 그런데 굿을 하고 신을 모독하니 사람들이 의아하게 여겼다. _ 세조 10년(1464) 9월 2일

5-3. 조선 최고의 인재, 신숙주

남의 허물을 덮을 줄 아는 인재

신숙주申叔舟의 자字는 범옹泛翁이고 경상북도 고령 사람이다. 증贈 영의정 신장申檣의 아들이며 태종 17년1417년 6월 정유일에 태어났다. 어려서부터 기량이 보통 아이와 달라서 글을 읽으면 한 번만 보고도 모두 기억했다. 세종 20년, 세종께서 처음으로 시부詩賦로 진사進仕를 뽑는 제도를 세우셨는데, 신숙주가 초시初試와 복시覆試에 연달아 장원을 하였고, 또 생원 시험에도 합격했다. 세종 21년에는 대과에 3등으로 뽑혀서 처음으로 전농직장典農直長에 제수되었다.

이후 신숙주가 제집사祭執事: 제사를 관장하는 관리에 임명됐는데, 이조吏曹: 인사 담당 관청 관리가 잊어버리고 임명장을 주지 않았다. 이로 인해 신숙주가 관청에 나오지 못했고, 사헌부에서는 그 이조 관리를 탄핵해 파직하려 하였다. 신숙주가 이를 민망하게 여겨서 거짓으로 죄를 자복해 말하였다.

"이조 관리는 사실 임명장을 전했는데 제가 자의로 나가지 않은 것입니다."

이로 인해 그 이조 관리는 무사할 수 있었지만 신숙주는 파직되었으니, 사람들이 그의 후덕함을 추앙하였다.

일본에 사신으로 가다

세종 25년, 나라에서 사신을 보내 일본과 교류하게 되어 신숙주를 서장관書狀官: 외교 사절단으로 삼았다. 신숙주가 병이 났다가 막 회복되고 있었는데, 세종이 편전에서 만나 물었다.

"네가 병으로 쇠약하다고 들었는데 먼 길을 떠날 수 있겠는가?"

"신의 병이 이미 나았습니다. 어찌 감히 사양하겠습니까?"

신숙주가 장차 떠나려고 하자 일가친척들이 모두 죽을 길을 떠나는 것처럼 여겼다. 눈물을 흘리는 사람도 있었지만 신숙주는 의연하게 꺼리는 기색이 없었다.

일본에 도착하자 붓과 종이를 가지고서 시를 구하는 자들이 몰려들었다. 신숙주가 그 자리에서 붓을 잡고 바로 시를 써 주자 사람들이 모두 감탄하였다.

돌아오는 길에 대마도에 도착했다. 이때 우리나라와 대마도는 해마다 파견하는 상선의 숫자를 약정하려 했는데, 대마도주가 아랫사람들에게 호도돼 갈팡질팡 결정하지 못하였다. 이에 신숙주가 대마도주에게 말하였다.

"파견할 배의 수를 정해 놓으면 모든 권한이 그대에게 돌아갑니다. 반대로 정해 놓지 않으면 아랫사람들이 제멋대로 권한을 행사할 것입니다. 도주께서는 어떻게 하시겠습니까? 이해득실이 분명한 일입니다."

이에 대마도주가 신숙주의 뜻대로 약정을 하였다.

표류하여 금릉으로 가도 좋으리

조선으로 돌아오는 길에 태풍을 만났다. 사람들의 얼굴빛이 모두 변하였는데 신숙주는 태연하게 말하였다.

"장부로 태어나 천지사방 먼 곳까지 유람하여 일본국까지 보았도다. 그런데 이 바람 덕에 중국 금릉金陵: 중국 난징시, 남경까지 표류한다면, 예악문물의 성대함을 보게 될 것이다. 이 또한 유쾌하지 않겠는가?"

당시 배에는 왜적에게 잡혀갔다가 임신을 한 여인이 타고 있었다. 배 안의 모든 사람들이 말하였다.

"아이 밴 여자를 태우는 것은 뱃사람들이 꺼리는 일입니다, 이 풍랑은 저 여자 탓입니다."

사람들이 여자를 바다에 던지려고 하자 신숙주가 말하였다.

"남을 죽여 내가 살고자 하는 일을 나는 차마 못 하겠다."

얼마 지나지 않아 바람이 잦아들어 일행이 모두 무사하였다.

신숙주는 나의 위징이다

사신이 논한다.

"신숙주는 일찍이 명망이 두터웠다. 이에 세종이 문종에게 말하기를, '신숙주는 국사를 부탁할 만한 자이다'라고 하였다. 또 뜻을 같이한 이후로는 세조가 늘 그의 계책을 실행하였고 그의 말을 받아들였다. 세조는 일찍이 말하였다. '경은 나의 위징魏徵: 당태종의 책사이자 공신이다.' 그리고 큰일을 결단할 때면 항상 신숙주에게 조언을 구하였다. 세조가 즉위한 이후로는 나라의 큰 계책을 결정하는 데 많은 공을 세웠다. 그러나 세조를 섬길 때에는 무조건 그 뜻에 순종하였고, 예종조에는 형벌의 집행이 공정하지 않았으며, 왕의 허물을 바로잡지 않았다. 이것이 신숙주의 단점이다." _성종 6년(1475) 6월 21일, 신숙주 졸기 중

세조, 내가 신숙주를 알아보았다

영의정 정인지, 파평군 윤임, 판중추원사 신숙주 등을 불러 여러 정무를 의논하였다. 임금이 도승지 박원형을 통해 정인지에게 물었다.

"어진 인재를 등용하고 못난 사람을 내치는 것은 정승의 직분이다. 나는 인재를 알아보는 데 밝지 못하니 영의정 그대가 신숙주같이 뛰어난 인재를 얻어서 천거할 수 있겠는가?"

정인지가 자리에서 일어나 대답하였다.

"신이 본래 어리석고 어두워 인재를 알아보는 데 밝지 못합니다. 옛사람이 이르기를 '사람을 알아보면 곧 철인哲이다'라고 했는데, 사람을 알아보는 것이 매우 어려움을 말하는 것입니다."

임금이 말하였다.

"내가 신숙주의 현명함을 알아보고 발탁한 덕에 지금 이 자리에 있다. 그렇다면 나에게 사람을 알아보는 밝음이 있다고 해도 좋겠구나." _ 세조 2년(1456) 9월 19일

역모에 대한 관대한 처분

임금이 금성대군의 역모에 가담한 죄인들에게 벌을 내렸다. 이때 죄인 중에는 무지한 백성들이 많았는데, 간사한 사람에게 잘못 속았거나, 사정이 지나치게 애매모호한 사람이 있었다. 임금이 이들의 명단을 의정부에 내려 논의하게 했는데, 대신들은 반역에 관계된 일이라 가볍게 의논하지 못하고 무거운 법을 따르려고 하였다. 신숙주가 말하였다.

"전하의 뜻이 어찌 사람을 많이 죽이고자 하는 데 있겠는가? 사정을 살펴서 형을 정하는 것이 옳다."

이로써 생명을 보전한 사람이 많았다. _ 세조 3년(1457) 10월 9일

5-4. 상소 하나로 왕을 홀린 유자광

남원의 갑사, 상소를 올리다

세조 13년, 이시애李施愛가 함길도에서 반란을 일으킨 지 한 달이 지났는데도 평정하지 못했다. 이에 남원의 갑사직업 군사 유자광柳子光이 임금께 상소를 올렸다.

"신이 서울에서 번番을 마치고 남원에 내려가 있었습니다. 뒤늦게 이시애의 일을 들었을 때 막 밥을 먹고 있었는데, 저도 모르게 수저를 던져 버렸습니다. 그리고 관청에 가서 징병자 명단에 신의 이름을 넣어 달라 졸랐습니다. 신은 본래 칼과 활솜씨에 자부심이 있고, 날쌔고 용맹하다는 말을 듣습니다. 하여 말을 준비해 놓고 기다렸는데, 관청에서는 행군하라는 소집 명령을 내리지 않았습니다. 신은 밤에 잠도 자지 못하고 떨쳐 일어나 생각했습니다. '국가가 비상 상황에 처해 병졸들을 정비하고 있다. 그렇지만 어찌 전국의 군사들을 다 징발한 후에야 일개 이시애를 토벌하겠는가?'

신은 이미 갑사가 되었기에 항상 변경에서 공을 세우고 나라를 위해 한번 죽으려고 했습니다. 하물며 지금은 나라 한복판에 적이 들어앉아 있습니다. 신이 무슨 마음으로 다른 사람들이 하는 대로 징병의 순서를 기다리며 먼 지방에 편안히 앉아 달게 먹고 자겠습니까? 하여 신은 이달 초 6일에 남원에서 출발해 하루에 남들의 갑절을 걸으며 한양으로 향했습니다. 신이 가는 길에 사람들에게 소식을 들었는데 모두 말하였습니다. '역적 이시애가 여전히 소굴을 지키면서 죄 없는 사람을 죽여 함길도가 소란하다.'

전하께서는 어찌 일개 역적 하나를 즉시 죽이지 못하시고, 전하의 태평한 치세에 누를 끼치며 조정의 사무를 번거롭게 하십니까? 잘 알지는 못하지만, 전하께서는 이미 1차, 2차, 3차, 4차에 이르기까지 병사들을 함길도로 파견하셨습니다. 그런데 어찌 지금까지 이시애의 머리를 베어 바치는 장수가 없다는 말입니까? 신이 망령되이 말씀드립니다. 지금 출정한 장수들은 모두 지극히 부유하고 귀하게 자랐습니다. 하여 죽고 사는 것을 두려워하며 진영에 들어앉아 시간을 보내고 있는 것입니다.

쥐 두 마리가 굴속에서 다투면 힘 있는 쥐가 이기는 법입니다. 전하께서는 어찌 환란이 깊어지기 전에 서둘러 장수를 보내 결전의 날을 정하지 않으십니까? 손자는 병법에서 말하기를, '졸속이라도 속전속결이 낫지 정교한 대책을 세우느라 지체해서는 안 된다'라고 하였습니다. 무릇 옛사람들은 군사를 쓸 때에 모두 인의

仁義를 근본으로 삼고, 상황에 따라 계책을 썼습니다. 그러나 더욱 귀하게 여긴 것은 신속함입니다. 그런데 지금 장수들은 군영에 들어앉아 진군하려 하지 않으니, 신은 그게 옳은 일인지 잘 모르겠습니다.

공자께서 말씀하시길 '사람이 형편없다 해도 그의 좋은 말까지 버리지는 않는다'라고 하셨습니다. 전하께서는 신이 미천하다 하여 제 말까지 버리지는 마십시오. 신이 비록 미천하지만 전장 한 쪽 모퉁이에서라도 전투에 참여해 통쾌하게 이시애의 머리를 베어 바치고자 합니다."

임금이 글을 보고 경탄하며 윤필상을 불러 읽어 보게 하였다.

"이 글은 내 뜻에 꼭 맞는다. 진실로 기특한 인재이니 내가 장차 임용해서 쓸 만한지 시험해 봐야겠다."

이어 임금이 유자광에게 음식을 내려 먹이게 하였다.

유자광은 전 부윤 유규柳規의 얼자孽子: 천첩의 자식인데 날쌔고, 용맹하고, 민첩하고, 말타기와 활쏘기를 잘하였다. 또 경서와 역사를 읽었으며, 문장에 재능이 있었다. 일찍이 크게 소리 높여 기개를 숭상한다고 말하였다. _ 세조 13년(1467) 6월 14일

원숭이처럼 나무를 타는 재주

유자광이 남달리 날쌔고 용맹하다는 말을 듣고 임금이 불러서 시험하였다. 유자광은 한 번 뛰어 계단을 몇 칸이나 오르고, 큰 기둥

을 붙잡고 올라가는데 마치 원숭이가 나무를 오르는 것 같았다. 임금이 겸사복 등을 돌아보며 말하였다.

"너희들 중에 유자광처럼 할 수 있는 자가 있다면 시험해 보는 것이 좋겠다." _ 세조 13년(1467) 6월 30일

너의 신분이 너무 낮다

임금이 신숙주에게 명하여 도총사 이준이시애의 난을 토벌하기 위한 군대의 대장에게 내릴 교지를 작성하게 하였다. 또 유자광에게도 교지의 초안을 작성하게 해서 그 재주를 시험하였다. 유자광이 즉시 완성하자 임금이 가상히 여겨 술을 올리게 하고 그의 등을 어루만지며 말하였다.

"당나라 태종은 호걸한 인재를 만나면 반드시 먼저 위엄과 분노로 그 기를 꺾은 후에 등용했다. 나는 그렇지 않아 호걸한 인재를 좋아한다. 내가 너를 장수로 임용해 500명의 군사를 주어 이시애를 토벌하는 데 보내고 싶다. 하지만 너는 미천하다. 신분이 미천하면 본래 권위가 없어서 군졸들이 따르지 않을까 두렵다. 그 때문에 쉽사리 하지 못하는 것이니, 너는 내 마음을 알도록 하라."

_ 세조 13년(1467) 6월 28일

5-5. 세조 편에 선 노학자 정인지

태종이 세종에게 추천한 인재

정인지鄭麟趾의 자字는 백저伯雎이고, 호號는 학역재學易齋이며, 경상남도 하동 사람이다. 전 석성 현감 정흥인鄭興仁의 아들이다. 정흥인이 궁궐에서 내직 별감으로 근무할 때, 소격전에 들어가 집안을 일으킬 아들 하나를 낳게 해 달라고 속으로 빌었다. 이후 아내 진씨가 임신을 했는데 이채로운 꿈을 꾸고서 정인지를 낳았다. 정인지는 다섯 살에 책을 읽을 줄 알았고, 잠시 눈길만 주고도 책을 암송했으며, 글도 잘 지었다. 태종 11년에는 16세의 나이로 생원시에 합격했고, 태종 14년 문과에 장원하여 예빈시禮賓寺 주부主簿가 되었다. 어느 날, 여러 신하들이 조정에 모였는데 정인지가 태종을 가까이서 모시게 되었다. 태종이 명하여 정인지를 앞으로 나오게 하고 말하였다.

"내가 네 이름을 들은 지 오래인데 아직 얼굴을 알지 못했다."

태종이 세종에게 말하였다.

"나라를 다스리는 데는 인재를 얻는 것보다 중요한 것이 없다. 정인지는 크게 쓸 만한 인재이다."

정인지는 타고난 자질이 호탕하고 자유로웠으며 가슴에 품은 바가 활달하고 학문에 해박하였다. 세종이 천문과 역법曆法: 날짜와 절기에 뜻을 두고 간의簡儀: 천문관측 기구, 해시계, 흠경각, 보루각 등을 제작했는데, 다른 신하들은 그 깊은 이치를 알지 못했다. 이에 세종이 말하기를 "오직 정인지하고만 이것을 논의할 수 있다."라고 하고, 관련된 일을 모두 그에게 맡겼다. 또 역대 역법들의 차이, 일식, 월식, 오성五星, 천체 운행 등을 계산하게 하였는데, 정인지가 손수 맡아 계산한 것은 천체 운행과 매우 정밀하게 맞아서 노련한 천문관들도 따라가지 못했다. 그 밖에 『자치통감훈의』資治通鑑訓義, 『치평요람』治平要覽, 『고려사』 편찬에 참여하였다.

한번은 명나라 사신으로 학자 예겸倪謙이 왔는데, 정인지가 접대하게 되었다. 밤늦도록 자지 않다가 예겸이 말하였다. "지금 달이 28수宿 별자리 중에서 어느 자리에 있소?" 정인지가 바로 "동정東井: 쌍둥이자리에 있습니다"라고 대답하자 예겸이 탄복하였다.

정인지는 계유정난 때 세조의 계책에 참여하여 우의정에 제수되었고 '정난공신'의 칭호를 받았다.

정인지의 문장은 호탕하고 자유롭고 간결하면서도 기개가 높았는데, 글을 쓸 때 세세하게 다듬거나 손보지 않았다. 오래도록 대제학으로 있으면서 나라의 글 짓는 일文衡을 책임졌고, 나라의 많은 저술이 그의 손에서 나왔다. 아들 정현조는 세조의 딸 의숙공주에게 장가들었다.

사관이 논하였다.

"정인지는 검소해서 매우 알뜰하게 생활했다. 재산 늘리는 것을 좋아해 가산이 수만 석에 이르렀고, 또 땅을 넓게 차지하고도 이웃 사람의 땅까지 점유해 사람들의 비난을 받았다. 그의 아들 정숭조는 아비의 공덕으로 벼슬에 올라 그 지위가 재상에 이르렀는데, 그가 재산 늘리기를 좋아하는 것은 그 아비보다 더했다." _ **성종 9년(1478) 11월 26일, 정인지 졸기 중**

취중진담! 노학자가 세조에게 충고하는 법

영의정 정인지가 나이가 많고 노쇠함을 이유로 사직서를 올렸다. 세조가 윤허하지 않고서 서찰을 보내 답하였다.

"내가 그대의 덕망과 연륜에 의지하고 있는데 어찌 수고롭다고 사직하는가? 어려운 때이니 누워서라도 정사를 보아야 한다."

정인지는 문장과 재주, 그리고 명성이 한 시대의 제일이었다. 성정이 곧아서 정사를 논하면서 조금도 뜻을 굽히지 않았고, 그 때문에 여러 번 외방으로 좌천됐는데도 물러서지 않았다. 한번은 임금 앞에서 이야기를 하다가 말이 부처의 사리, 하늘의 꽃비에 이르렀다. 정인지가 말하였다.

"백 개의 사리가 있다 해도 그것으로는 가난한 자 한 명도 살리지 못합니다. 남쪽 지방은 지금 가물어서 황폐해진 마을이 십여 곳이 넘습니다. 신은 진짜 비가 내리기를 원하지 꽃비는 달갑지 않습니다."

임금이 말하였다.

"이 무슨 망언인가! 이 늙은이가 취했구나."

임금이 그 아들 정현조에게 명하여 아버지를 부축해 나가게 하였다. 정현조가 "아버지께서는 어찌하여 이런 말을 하십니까?" 하니, 정인지가 답하였다.

"어린아이가 무엇을 알겠는가? 나 같은 노신이 말하지 않으면 누가 이런 말을 하겠는가?" _ 세조 3년(1457) 8월 13일

술이 약한 노학자, 곤경에 처하다

임금이 사정전에서 공신들에게 잔치를 베풀어서 왕세자, 종친, 대신들이 입시하였다. 임금이 매우 즐거워하며 궁녀와 기녀들에게 음악을 연주하게 하고 여러 신하들에게 일어나 춤을 추게 하였다. 이때 갑자기 정인지가 임금의 상 앞에 나아가 아뢰었다.

"전하께서 『법화경』 등 불경 수백 권을 인쇄하게 하셨고, 또 『대장경』 50권을 인쇄하셨습니다. 그런데 이제 다시 『석보』釋譜: 석가모니의 일대기를 간행하시니, 신은 옳지 않다고 생각합니다."

이에 임금이 매우 노하여 잔치를 파하였다. _ 세조 4년(1458) 2월 12일

이튿날 임금이 후원에서 활 쏘는 것을 구경했는데, 여러 종친과 대신들이 입시하였다. 임금이 도승지 조석문을 통해 정인지를 책망하며 말하였다.

“내가 복세암을 창건하고 불경을 인쇄할 종이를 만들어도 경은 대신으로서 한마디도 하지 않았다. 그런데 갑자기 취중에 나를 욕보였으니, 어째서인가?”

정인지가 대답하였다.

“취중의 일이라 잘 기억나지 않습니다.”

임금이 조석문을 통해 말하였다.

“경이 취해서 어제의 말은 기억할 수 없다고 한다면, 지금은 취하지 않았으니 나에게 낱낱이 말해 보라. 부처의 도는 무엇이고 유학의 도는 무엇인가?”

정인지가 분명하게 대답하지 않자 임금이 조석문을 시켜 또 물었다.

“왕의 질문에 경이 대답하지 않는 것은 불경이다.”

정인지는 어제 너무 취했다고 변명하며 끝내 분명히 대답하지 않았다. 그러나 잠시 후 임금이 정인지에게 명하여 술을 올리게 하였다. 정인지가 물러 나오며 말하였다.

“신숙주는 술을 잘 마시는데도 마시지 않는다. 나는 신숙주가 잘 마시면서도 마시지 않는 것처럼 하지 못해 이 지경에 이르렀다.” _ 세조 4년(1458) 2월 13일

5-6. 군기 잡는 왕!

네가 나를 가르치려 드느냐?

임금이 창덕궁에 행차해 노산군을 알현하였다. 그리고 4공신인 개국공신, 정사공신, 좌명공신, 정난공신 등의 명단을 노산군에게 바쳤다. 임금이 명단을 적은 족자를 나누어 주고 곧이어 잔치를 베풀었는데, 왕세자·양녕대군 등 여러 종친, 신숙주·한명회 등 여러 공신이 모시었고, 4공신의 아들과 적장자들은 인정전 바깥 회랑에서 잔칫상을 받았다. 풍악이 울리자 춤을 추는 무희들과 북을 치는 악공들이 들어왔다. 양녕대군은 비파를 타고, 권공은 징을 잡고, 여러 공신들은 차례로 일어나 춤을 추었다. 음악이 끝나 갈 무렵에는 임금도 일어나 춤을 추었다.

잔치가 끝나고 임금이 영응대군 이염의 집에 갔다가 경복궁 사정전으로 환궁하였다. 임영대군과 영응대군, 신숙주, 이계전, 홍달손 등이 곁에서 모셨는데, 병조 판서 이계전이 조용히 아뢰었다.

"전하께서 술이 과하신 듯하니 청컨대 안으로 들어가십시오."

임금이 크게 노하여 말하였다.

"나의 몸가짐은 내 마음대로 할 것이다. 네가 어찌 나를 가르치려고 하느냐?"

임금이 명하여 이계전에게 관을 벗게 하고, 홍달손에게 명해 머리채를 잡아채 뜰 아래로 끌어내게 하였다. 또 군졸을 불러 곤장을 치게 하고 이계전에게 말하였다.

"너의 죄는 비단 이번만이 아니다. 지난번에는 의정부서사제를 폐지하지 말라고 하위지와 합심해 아뢰었다. 너희들의 학술은 모두 바르지 않다. 너는 지극히 간사하여 병조의 수장이 될 수 없으니, 당장 파직하고 병조 참판 홍달손에게 대신하도록 하겠다."

한참 후에 임금이 다시 이계전을 앞으로 나오게 하고 말하였다.

"내가 평소에 너를 비할 데 없이 사랑한다. 너는 어찌 내 마음을 헤아리지 못하는가?"

또 도승지 신숙주를 통해 이계전에게 물었다.

"네가 나를 사랑하는 것이 내가 너를 사랑하는 것보다 더하겠는가? 내가 너를 사랑하기 때문에 특별히 좌익공신으로 올리려고 하는데, 너는 그러고 싶은가?"

이계전이 머리를 땅에 대고 엎드려 사죄하고는 목 놓아 통곡하였다. _ 세조 1년(1455) 8월 16일

5-7. 불만의 폭주, 그리고 비극적 결말

양정의 작심 발언

평안도 절도사 양정楊汀이 와서 알현하니 임금이 사정전에서 만나 보았다. 임금이 왕세자와 신숙주, 한명회 등을 입시하게 하고, 오랫동안 변경에서 근무한 양정을 위로하기 위해 술자리를 베풀었다. 이어 도승지 신면을 불러 전교하였다.

"양정이 오랫동안 외방에서 노고가 많았는데, 지금 얼굴색을 보니 매우 풍만하고 살이 쪘다. 내가 매우 기쁘다. 오는 10일에 공신들을 불러 술자리를 마련해 양정을 위로하려고 한다. 그리 알고 미리 준비하라."

얼마 후 양정이 앞으로 나와 무릎을 꿇고 아뢰었다.

"전하께서는 어찌 이처럼 고통스럽게 일을 계속하고 계십니까?"

임금이 말하였다.

"군주는 나라의 모든 일을 총괄하는데, 어찌 근심하고 부지런하지 않을 수 있겠는가?"

양정이 말하였다.

"전하께서는 즉위하신 지가 너무 오래됐습니다. 이제는 한가하고 편안하게 소일하시는 게 맞습니다."

"경의 말은, 사계절이 순서대로 흘러가는 것처럼 공을 이룬 자는 물러나야 한다는 뜻인가?"

"그렇습니다."

"내가 평소에 왕위에서 물러나 편히 지내려고 했지만 아직 하지 못하였다."

"신의 마음이 바로 그러합니다."

"경이 평안도에 오랫동안 있었는데 그곳의 민심도 그대와 같은가?"

"사람이라면 누군들 그리 생각하지 않겠습니까?"

"내가 죽고, 신숙주가 죽고, 한명회가 죽고, 경도 죽고, 또 모든 신하가 다 죽는다면, 그 누가 나랏일을 하겠는가?"

"다음 사람이 차례차례 있을 것입니다."

"내가 어찌 왕위를 탐내는 사람이겠는가."

당장 옥새를 가져오라

임금이 즉시 승지 등에게 명해 대보옥새를 가져오게 하고 왕세자만 16세에게 전위傳位하고자 하였다. 그러나 승지들은 엎드려 일어나지 않았고, 신숙주, 한명회 등은 눈물을 흘리며 큰 소리로 말하였다.

"이게 대체 무슨 말씀입니까? 그러면 종묘사직은 어찌합니까?"

임금이 말하였다.

"옛날에 성인聖人은 천하를 한 집안으로 여겼다. 집에 현명한 아들이 없던 요임금은 일개 도공이었던 순임금에게 천하를 물려주었다. 하물며 지금 세자는 나라를 다스릴 만하지 않은가? 양정은 정직한 신하이다. 그가 이와 같이 말하는데, 내가 어찌 오랫동안 왕위에 있겠는가?"

임금이 신면을 재촉해 나가서 대보를 가져오게 하니, 신면이 마지못해 상서원尙瑞院: 옥새를 관리하는 관청에 갔다. 그러나 어찌해야 할 바를 몰라 옥새를 받들고 그곳에 그냥 앉아 있었다. 이번에는 윤필상에게 옥새를 가져오라 재촉했다. 윤필상이 상서원에 가서 신면과 함께 말하였다.

"우리가 죽으면 죽었지 어찌 옥새를 갖다 바치겠는가. 차라리 어명을 어긴 벌을 받겠다."

사정전에서 임금이 말하였다.

"승지들은 어째서 옥새를 가져오지 않는가? 옛날에 태종께서 전위하려 하실 때도 신하들이 옥새를 가져오지 않았는데, 지금 경들이 그것을 따라 하는 것인가? 이미 결정이 내려졌는데 옥새가 있고 없고가 무슨 상관이겠는가. 어서 가지고 오라."

홍도상 등도 상서원에 가서 죽어도 명을 따르지 않기로 약속하였다. 양정이 여전히 어탑임금의 단상 아래 앉아서 큰 소리로 외쳤다.

"임금이 명을 내리셨는데 승지들은 어째서 옥새를 가져오지 않는가?"

양정이 이렇게 재촉한 것이 두세 번이나 되었다.

임금이 세자에게 가서 옥새를 가져오라 명하자 세자가 마지못해 보루문 밖으로 나갔다. 승지 등이 무릎을 꿇고 아뢰었다.

"옥새는 신들이 맡아서 지키는 것이니 신들이 바치겠습니다."

세자가 도로 들어왔지만 명을 받들기가 어려워 옆에서 머뭇거리며 있었다. 신숙주, 한명회 등은 임금 앞에서 머리를 조아리며 통곡하기를 그치지 않았다. 삼경밤 11시~1시이 되자 임금의 화가 조금 풀려서 신숙주에게 술을 올리게 하고 내전으로 들어갔다. _ 세조 12년(1466) 6월 8일

연좌하지 말고 양정만 죽이라

도승지 신면과 의금부 판사 윤자운이 양정의 죄목을 아뢰니, 임금이 글을 써서 말하였다.

"양정은 나를 도와 나라를 안정시켜 그 이름을 공신록에 올렸다. 또한 변경을 지킨 지 여러 해라 내가 그를 칭찬하여 더욱 중용하려고 했었다. 그러나 성품이 경솔하고 어리석어 내가 여전히 강

건하고 명석한 것을 꺼렸다. 그리고 빨리 퇴위하기를 바라면서 감히 그 마음을 입 밖에 내었다. 여러 신하들이 그를 벌주라 청하고 있고 공신과 종친들도 마찬가지다. 생각해 보면 한漢나라 고조高祖가 공신을 죽였던 마음은 당나라 태종이 어진 신하를 등용한 마음과 다르지 않다. 두 마음을 품고 장차 난을 일으키려는 것은 동서고금의 큰 악이다. 하여 힘써 대의를 따라 사적인 정을 끊으니, 그를 단죄하여 시체를 팔도에 돌려 보이라. 그 아비와 아들을 제외한 나머지 가족은 연좌하지 않는다."

잠시 후 임금이 다시 말하였다.

"양정의 죄가 크지만 그래도 나라에 공이 있다. 죽이는 것은 양정 한 사람에 그치는 것이 좋겠다."

임금이 즉시 도성문 밖에서 양정을 참수하고, 그의 아우들은 파직했다. 양정의 아들들은 그대로 옥에 가두었다.* _ **세조 12년(1466) 6월 12일**

공신 양정의 오래된 불만

양정은 원래 매우 미천한 사람이었는데 팔뚝 힘이 있어 말타기와 활쏘기를 잘했다. 계유정난단종 1년, 김종서를 몰아낸 정난 때 공을 세워 갑자기 부귀하게 되었으나 오래도록 평안도와 함길도에서 군진을

* 양정의 아들들은 경상북도 성주의 관노가 되었다.(세조 12년 8월 3일)

지켰다. 양정은 자신이 공신인데도 오래도록 외방에서 고생한다고 생각해 평소에 원망을 품었다. 평안도에 있을 때에는 교만하고 방종하여 거리낌 없이 많은 사람을 죽였다. 한명회가 여러 번 말하기를, 평안도는 굳이 양정이 지킬 필요가 없다고 하였다. 임금 또한 그렇게 생각했지만 대신할 만한 사람이 마땅치 않아 일이 지체됐고, 양정은 더욱 원망을 품었다. 이때에 양정이 업무를 보고하면서 도리를 잃고 불손한 말을 하였으므로 마침내 주륙誅戮: 죄인을 죽임을 당하였다. _세조 12년(1466) 6월 12일

5-8. 늙고 약해진 왕의 변덕

이시애, 거짓 역모를 고하다

함길도 길주에 사는 전 회령 절제사 이시애李施愛가 동생 이시합李施合과 함께 반역을 모의하고, 먼저 함길도 절제사 강효문을 죽였다. 역적들은 함길도의 여러 장수들과 관리들을 모두 죽이고 향리 이극지李克枝를 보내 임금께 거짓으로 글을 올렸다.

"함길도 절제사 강효문이 정예군을 거느리고 길주에 와서 군사를 뽑으며 말하였습니다. '너희들이 지금 우리에게 힘을 보탠다면 한양의 대신들과 함께 큰일을 성사시킬 것이다.' 그리고 설정신 등에게 병사를 거느리고 한양으로 진격하게 하였습니다. 이에 신이 강효문의 군관 현득리玄得利를 체포해 심문하니 말하였습니다. '내가 세 차례 한양에 올라간 것은, 한명회, 신숙주, 김국광, 노사신, 한계희 등에게 강효문의 편지를 전해 반란을 약속하고자 함이었다. 서신을 전하자 대신들이 모두 승낙하였다.' 이에 신 이시애는 군사들과 의논해 이미 강효문을 체포해 죽였습니다. 또 이시합을 시켜 경성 이북에 있는 여러 진鎭의 장수들도 모두 죽였습니다. 지금 군관 현득리 등을 잡아 가두었으니, 전하께서 직접 국문하시길 청합니다."

임금이 실제로는 이시애가 반역자인 정황을 눈치채고 능성군 구치관을 불러 이극지를 국문했는데, 이극지가 이시애를 두둔하며 사실대로 고하지 않았다. 이에 이극지를 의금부에 하옥하였고, 구치관 등과 은밀히 대책을 논의하다가 밤이 되어서야 파하였다.

_ 세조 13년(1467) 5월 16일

거짓 고변임을 알지만...

임금이 창덕궁 양의전 문에 나아가 밀성군 이침, 능성군 구치관 등 여러 당상관을 불러 말하였다.

"지금 신숙주와 한명회 등은 모든 조정 관리들의 수장으로 있으면서 뭇사람들의 구설에 오르내리고 있다. 비록 실제로 반역한 것은 아니지만, 거느린 자들을 제대로 단속하지 못해 그런 오명을 얻은 것이다. 이 때문에 멀고 가까운 곳에서 의혹이 생겨나고 있으니, 이는 스스로 자초한 일이다. 나 또한 지금 어리석고 나약하며 위엄이 없다. 하여 백성들의 말을 따르지 않을 수 없고, 이 일에 대처할 방법을 생각하지 않을 수 없다. 우선 그들을 가두는 게 좋겠다."

임금이 내금위 등에 명하여 군사를 거느리고 가서 신숙주와 그 아들들을 잡아다가 의금부에 가두게 하였다. 한명회는 종기가 생겨 집에 있었기 때문에 영천군 이찬에게 군인 30명 데리고 가서 그 집을 지키게 하고, 그 아들과 사위들은 모두 가두었다. 또 의금부 진무 김기金琦를 함길도에 보내 함길도 관찰사 신면申洏: 신숙주의 아들을 잡아 오게 하였다. 이날 구치관 등이 은밀히 보고를 올려 신숙주와 한명회 등을 가두라고 청했기 때문에 임금이 이런 명령을 내린 것이다. _세조 13년(1467) 5월 19일

왕명은 무시하고 대신에게 아부하는가?

임금이 선전관왕명을 출납하는 관리에게 명해 군사들을 거느리고 가서 김길통金吉通, 이함장李諴長, 성임成任 등 의금부 관리들을 잡아 오게 하였다. 임금이 직접 국문하며 물었다.

"신숙주는 대신이다. 중죄가 아니면 목과 발에 형구를 채우지 않았을 것이다. 그런데 어째서 너희는 형구를 느슨하게 해주었는가? 만약 종친이나 귀화인이었다면 너희가 기대할 만한 권세가 없어서 이처럼 형구를 느슨하게 해주지 않았을 것이다. 너희들이 어찌 법을 몰라서 그랬겠는가? 반드시 신숙주에게 잘 보여 은밀히 훗날을 도모하려 했을 것이다."

낭관 최한공을 국문하니 대답하였다.

"신숙주의 형구가 너무 좁아서 물 한 모금도 마시지 못했습니다. 하여 남용신에게 보고했더니 담당 관원인 그가 형구를 느슨하

게 해주었습니다."

즉시 남용신에게 곤장을 때리고 신문했더니 대답하였다.

"처음에는 대신이 옥에 갇혔기에 그 죄가 반드시 클 것이라고 생각했습니다. 그런데 며칠이 지나도록 국문하라는 교지가 내려오지 않았고, 죄명도 알 수가 없었습니다. 신의 생각에는, 만약 죽을 죄도 아닌데 물도 마실 수 없게 한다면 나중에 문책받을 수도 있겠다 싶어 두려웠습니다. 어찌 다른 뜻이 있었겠습니까?"

다시 곤장을 치며 사실을 고하라고 하니 대답하였다.

"신과 신숙주는 아무런 교분이 없고 친족도 아닙니다. 다만 대신이 형구를 차고 고생하는 것을 차마 볼 수 없어 조금 느슨하게 해준 것뿐입니다."

임금이 남용신을 법에 따라 처리하고자 하여 여러 장수와 대신들에게 물었다.

"남용신의 죄는 법에 따라 마땅히 죽여야 한다. 너희들은 어떻게 생각하느냐?"

모두 대답하였다.

"죽음으로도 모자랍니다."

임금이 말하였다.

"남용신이 모반을 꾀한 것은 아니다. 하지만 임금을 경시하고 대신에게 아부했으니 마땅히 죽여야 한다."

임금이 즉시 그를 능지처참하고 시체를 사방에 돌려 보였다. 다만 재산 몰수와 가족 연좌는 하지 않았다.

임금이 종친과 대신들에게 말하였다.

"내가 신숙주는 가두고 한명회는 가두지 않았다. 그런데도 한명회를 가두자고 청하거나 죄를 주자고 말하는 자가 없다. 모두들 마치 귀 멀고 눈먼 것처럼 하고 있으니, 그러고도 이 조정에 신하가 있다고 할 수 있는가? 내가 어찌 남용신을 특별히 미워해서 죽였겠는가? 그를 죽여서 나머지 사람들에게 경각심을 가지게 하고, 조정의 기강을 잡으려는 것이다."

임금이 신숙주와 한명회 등을 창덕궁 후원에 있는 관저전關雎殿에 유폐시키고, 은천군 이찬에게 군사를 거느리고 가서 지키게 하였다. 또 승지 두 명에게 밤에 경비를 서도록 하였다. _ 세조 13년(1467) 5월 22일

죄목은 반란이 아니라 무례와 전횡!

대사헌 양성지 등이 아뢰었다.

"신숙주와 한명회가 그 자제들과 함께 구속돼 갇혔습니다. 죄가 필시 무거울 것입니다. 청컨대 삼성사헌부·사간원·형조과 함께 국문하십시오. 또한 죄인을 궁궐 안에 가둬 둘 수는 없습니다."

임금이 말하였다.

"너희가 알 바 아니다." _ 세조 13년(1467) 6월 4일

임금이 대신들에게 전교하였다.

"한명회와 신숙주는 죄가 없지 않다. 바로 무례와 전횡이 그들의 죄이다."

모든 대신들이 말하였다.

"마땅히 법에 따라 처리하십시오."

임금이 곰곰이 생각하며 결단하지 못하였다. 사헌부에서 다시 벌을 청하였으나 윤허하지 않았다. _ 세조 13년(1467) 6월 5일

신숙주는 임금 앞에서 정사를 논의하다가 조금이라도 어긋난 것이 있으면 곧바로 말하기를, "임금의 판단이 잘못되었다"라고 하였다. 이것이 무례이다.

평안도와 함길도의 수령들에게 벼슬을 줄 때에, 한명회는 그 명단 아래 점을 찍어 낙점하였다. 만일 자기 뜻대로 임용되지 않으면 반드시 다시 아뢰어 기필코 자기 뜻을 관철하였다. 이것이 전횡이다. _ 세조 13년(1467) 6월 6일

모든 잘못은 내가 약하기 때문이다

임금이 영순군 이부, 이조 판서 한계희, 호조 판서 노사신을 불러 글을 써서 보였다.

"하나, 참소를 듣고 갑자기 공신을 가두었다. 이러니 누가 나를 믿고 보호하겠는가? 나의 장수를 역적의 소굴로 밀어 넣는 것과

같으니, 그들을 계속 가두어 둘 수는 없다.

하나, 내가 누가 반역자이고 누가 바른 자인지, 그 정세를 이미 널리 알렸다. 그런데도 나라 안팎의 민심은 흉흉하고, 시비는 밝혀지지 않고 있다. 군인들의 변란도 계속되고 있으니 두려워할 만한 일이다. 이는 오랜 병 때문에 내가 약해졌다는 소문이 퍼졌기 때문이다. 이시애의 거짓말에 속아서 그런 것만은 아닐 것이다.

하나, 위엄을 떨쳐 세력을 다지고 계책을 써서 반란을 제압해야 한다. 그런데 지금 공신들은 자신들의 공만 믿고서 함부로 권세를 휘두른 잘못이 있다. 그러하나 실상은 이 또한 나의 허물이다.

하나, 높이 날기만 하는 새처럼 외면하거나, 죽은 자를 기리는 노래처럼 한탄만 해서는 안 된다. 마땅히 오래도록 이번 일의 의미를 곱씹어야 하리라.

하나, 운수가 어려운 때에 이르렀으니, 심신은 미약하고, 나이는 들고, 기력은 쇠약하고, 팔다리는 병들었다. 어쩌다 이런 일이 벌어졌는지 하늘만이 알 것이다."

임금이 슬픔을 이기지 못하였다. 이부와 한계희에게 명하여 신숙주와 한명회가 갇혀 있는 곳으로 가서 이 글을 보이고 석방하게 하였다. 그리고 한명회와 신숙주에게 관복을 입고 강녕전으로 오게 했는데, 임금이 강녕전 서쪽 뜰에 나가 이들의 손을 잡고 눈물을 흘리며 함께 강녕전으로 들어왔다. 임금이 이들과 이야기를 나누며 술을 내려 주었고, 관직에 복직시켰으며, 처음처럼 함께 국사를 논의했다. 또 갇혔던 그들의 자식과 형제들도 모두 방면하였다. 임금이 서찰 두 통을 쓰게 해서 신숙주와 한명회에게 주고 스스로 반성하게 하니 두 사람이 편지를 읽고서 눈물을 흘렸다. _ **세조 13년(1467) 6월 6일**

六• 인간 세조, 그리고 비극들

6-1. 아내 바보

여색을 좋아하지 않는 수양대군

세종 28년 정월, 소헌왕후세종의 왕후, 세조의 모후가 모든 아들들을 가르치며 말하였다.

"첩을 대우하는데 정처와 대등하게 할 수는 없다. 의복도 사치해서는 안 된다."

이어 수양대군의 검소함을 칭찬하며 말하였다.

"수양대군은 여색 때문에 덕을 잃은 적이 없다."

당시에 의창군세종의 열번째 아들이 기생과 간통했는데, 세종이 그 보좌하는 자들에게 곤장을 때리게 하고는 말하였다.

"지금 수양대군은 악공과 기생을 많이 거느리고 있는데, 이는 음악을 관장하기에 그런 것이다. 그 선량함은 믿을 만하다." _ **세조총서**

후궁은 들이지 않겠다*

우참찬 황수신과 예조 판서 김하가 아뢰었다.

"청컨대 예법에 따라 후궁을 뽑아 들이십시오."

임금이 전교하였다.

"불가하다."

황수신 등이 재차 아뢰자, 임금이 전교하였다.

"다시는 말하지 말라." _ 세조 1년(1455) 12월 6일

의정부 좌참찬 강맹경과 예조 참판 하위지가 아뢰었다.

"신들이 일전에 후궁을 들이시라 청하였는데 아직도 윤허를 받지 못했습니다. 예로부터 내려오는 예법에 따르면 제후 한 사람은 아홉 여자에게 장가든다고 했습니다. 지금 예전의 법을 그대로 따를 수는 없겠지만 청컨대 선왕의 전례를 따르십시오."

임금이 직접 서찰을 써서 말하였다.

"제후 한 사람이 아홉 여자에게 장가드는 것은 후사를 많이 얻으려는 것이니 그 뜻이 깊고 오묘하다. 지금 아뢴 말이 의리에 합당하긴 하지만, 내가 본래 여색을 좋아하지 않는다. 또 임금으로서

* 세조는 왕위에 오른 후 따로 후궁을 들이지 않았다. 다만 즉위 전에 근빈 박씨와 덕중을 첩으로 삼았다. 근빈 박씨는 덕원군 이서와 창원군 이성을 낳았다. 덕중은 아이를 하나 낳았으나 일찍 죽었고, 두 번이나 외간 남자에게 편지를 쓰다 들켰다. 처음에는 소용에서 궁녀로 강등되는 것으로 끝났지만 두번째에는 사사됐다.

시중들 여자가 없을까 근심하지도 않으니, 경들은 다시 말하지 말라." _ 세조 2년(1456) 5월 11일

내가 중전에게 감동하였다

이시애의 반란이 진압되고 임금이 김국광, 윤필상에게 말하였다.

"중전이 일전에 말하기를 '이시애의 반역은 나라의 재앙이 아닙니다. 이번 일로 인해 군사들을 다시 훈련하게 되었으니 이 또한 나라를 강건하게 하는 과정입니다'라고 하였다. 내가 그 마음에 감동하였으니, 경들도 그리 알라." _ 세조 13년(1467) 8월 27일

승정원에 전교하였다.

"중전이 궁궐의 전각 벽에 사士·농農·공工·상商 백성들의 모습을 그린 세화사민도를 붙이려 했다. 내가 말리자 중전이 말하였다. '우리가 먹는 것이 여기서 나오고, 입는 것도 여기서 나옵니다. 붙여 두고 보는 것이 옳지 않겠습니까?' 이에 그림을 붙이고 나니 나 또한 그렇다는 생각이 든다."

승지 등이 아뢰었다.

"농사짓는 일과 누에 치는 일은 왕정의 근본입니다. 국모께서 이토록 신경을 쓰시니 실로 백성들의 복입니다."

임금이 기뻐하며 술을 내렸다. _ 세조 2년(1456) 1월 2일

6-2. 어진 며느리, 아내, 할머니, 정희왕후

소헌왕후가 아낀 며느리, 정희왕후

정희왕후는 파평 윤씨로, 아버지는 영평부원군 윤번이고 어머니는 정헌대부 이문화의 따님이다. 태종 18년1418년 11월 정해일에 강원도 홍천의 한 관청에서 태어났다. 왕후는 어려서부터 정숙하고 유순했으며 타고난 자질이 남달리 뛰어났다. 세종 10년1428년에 세조께서 처음으로 대궐 밖으로 나가게 되자 세종께서 현명한 배필을 택하게 하였다. 이에 정희왕후는 덕, 용모, 문벌, 그리고 명망으로 간택되어 대군의 아내로 들어와 낙랑부대부인樂浪府大夫人에 책봉되었다.

정희왕후는 세종과 소헌왕후를 섬기는 데 아침부터 밤까지 게으르지 않았다. 또 두 분의 음식과 옷을 몸소 확인하는 등 지극한 효성을 다하였다. 이에 양궁兩宮: 세종과 소헌왕후이 총애하여 여러 종친 부인들의 수장으로 삼아 궁중의 일을 모두 맡겼다. 양궁께서는 수양대군 부인이 출산할 때마다 반드시 직접 찾아가 돌봐 주셨고,

때때로 친정 부모를 만나러 나갈 때면 특별히 사옹원궁궐내 음식 담당 관청에 명해 음식물을 마련해 주었다. 즉위 전 본저本邸: 현재 종로구 수표동에 있을 때에도 기쁘고 경사스러운 일이 있을 때마다 여러 물품을 두루 갖추어 주셨으니, 융숭한 대우를 받음이 이와 같았다. _ 성종 14년(1483) 6월 12일, 정희왕후 묘지문 중

소헌왕후는 검소한 미덕을 실천하며 몸소 빨래를 하고 물레질을 했다. 또 며느리들에게 늘 교만과 사치를 경계하라고 가르쳤다. 그러나 안평대군세종의 세번째 아들 부인은 몸에 항상 고운 모시옷을 걸치고, 장식이 화려한 노리개로 꾸며서 공주들과 앞다퉈 주목을 받고자 하였다. 이에 다른 부인들은 감히 안평대군 부인과 이야기를 나누지 못했고, 모두 수양대군 부인과 친하게 지냈다. 소헌왕후가 수양대군 부인에게 말하였다.

"모두들 너에게 의지하고 있으니 두루 아끼고 보살펴야 한다."

_ 세조 총서

왕의 폭주에 제동을 거는 왕후

정종경혜공주의 남편, 문종의 사위이 능지처참당하자 중전이 임금에게 말하였다.

"경혜공주단종의 친누나를 박대하여 버릴 수는 없습니다."

임금이 말하였다.

"내 마음이 바로 그러하오." _ 세조 7년(1461) 12월 14일

임금이 경회루 동편방에 나아가서 승지들을 불러 정사를 논하였다. 좌승지 윤자운이 김분金汾·김인金潾의 옥사에 대해 아뢰자 임금이 전지하였다.

"김분 형제가 자신의 누이에게 억지로 장가들려 했다며 홍윤성을 모함하였다. 그 죄가 가볍지 않아 마땅히 죽여야지, 용서할 수는 없다."

윤자운이 말하였다.

"김분의 집안은 처와 첩를 분별해야 하는 양반입니다. 그런데 홍윤성이 처가 있으면서도 혼서를 보냈고 술에 취한 척 들어가 간통하려 했습니다. 김분 형제는 처의 자리인지 첩의 자리인지 분별해야 했기 때문에 그리하였을 뿐입니다. 또 죄가 국가의 안위와 관계된 것도 아니니, 청컨대 죄를 한 등급 낮추어 주도록 하십시오."

임금이 말하였다.

"공신은 나라와 흥망성쇠를 함께한 사람들이다. 백성들은 마땅히 나라와 공신을 한몸으로 보아야 한다. 만약 김분의 말대로 한다면 공신들은 어떻게 보전하고, 나라는 어떻게 유지하겠는가?"

잠시 후 중전이 언문으로 글을 써 아뢰었다.

"근래에 사형죄에 연좌된 사람들이 많았습니다. 김분의 죄가 진실로 그자들처럼 크다면 마땅히 극형에 처해야 합니다. 그렇지 않

다면 청컨대 먼 곳에 유배 보내 살 길을 열어 주십시오."

임금이 즉시 중전의 글을 의정부에 내리고 특별히 사형을 면하게 하였다. _ 세조 4년(1458) 8월 24일

수렴청정, 성종을 성군으로 만든 할머니

내관 박인손이 온양으로부터 돌아와 아뢰었다.

"대왕대비정희왕후께서 3월 30일성종 14년에 승하하셨습니다."

사관史官은 논한다.*

"하은주 삼대 이후로, 중국 한漢나라에서는 어진 왕후를 '명덕'明德이라고 했고, 당唐나라에서는 '문덕'文德이라 했으며, 송宋나라에서는 '선인'宣仁이라 했는데, 인仁을 널리 베푼다는 '선인'이 가장 큰 뜻을 지녔다.

예종이 갑자기 승하하셨을 때 아직 후왕이 정해지지 않아 사람들의 마음에 의심과 불안이 일었다. 그러자 우리 정희왕후께서는 즉시 대신들을 불러 대책을 세우셨는데, 그때 이미 지금의 전하성종, 맏아들 의경세자의 둘째아들께서 정희왕후의 부름을 받고

* 보통 왕후가 죽을 때에는 실록에 별다른 기록을 남기지 않는다. 그러나 정희왕후가 승하했다는 소식이 전해진 성종 14년 4월 1일에는 사관이 특별히 정희왕후를 애도하면서 사관평을 남긴다. 왕후의 정치 참여를 경계했던 성리학적 입장에서 볼 때, 정희왕후에 대한 후한 평가는 매우 이례적이다.

궁궐 내전에 계셨다. 왕위를 우리 전하께 맡기겠다는 계획을 이미 결단하고 계셨던 것이다.

정희왕후께서는 대신들의 강력한 요청에 따라 수렴청정을 하며 국사에 참여하셨다. 이때 제일 먼저 명하신 일이 폐지됐던 경연을 다시 열어 성종께서 어진 선비를 만나 부지런히 덕성을 기르도록 하신 일이다. 또 백성을 고통스럽게 하던 제도를 조사해 모두 다 폐지하셨다. 불경을 간행하던 간경도감은, 세조의 뜻을 어기는 일이라 차마 하지 못하시다가 마침내는 혁파해 폐지하셨다. 지방의 감사, 수령들이 임지로 떠날 때는 반드시 직접 불러서 만나 보셨는데, 순리대로 일할 것을 당부하시며 지켜야 할 조칙들을 내리셨다. 풍속이 사치한 것을 근심하시어 몸소 절약과 근검함을 실천하셨다. 나라의 훈구들을 등용하시고, 언론을 맡은 대간들에게 상을 내려 주셨다. 국정의 안정을 위해 예종의 초상을 1년으로 줄이도록 결단하셨고, 경혜공주문종의 딸, 단종의 누이의 아들 정미수를 여러 의논을 물리치고 독단으로 등용하셨다. 이에 대해서는 논란할 만한 것이 있지만, 선왕의 원한을 풀어 성종에게 누가 되지 않도록 그 허물을 떠안으신 것이다. 이로써 세조의 유지를 받들고 문종의 영령을 위로하셨으니, 먼 장래를 위한 사려 깊음과 어질고 후덕한 뜻이 지극하였다. 성대한 공덕이 이러하니 어찌 선인宣仁이라 부르기에 부족하겠는가?" _ **성종 14년(1483) 4월 1일**

6-3. 두 번이나 용서했건만! 외간 남자를 사랑한 후궁

종친에게 연애편지를 쓴 궁녀 덕중

아침에 임금이 급하게 종친, 대신, 승지들을 불러 전교하였다.

"궁녀 덕중德中이 언문諺文: 한글으로 편지를 써서 환관 최호와 김중호를 통해 귀성군 이준에게 사모하는 마음을 전달하였다. 이에 이준이 그 아비 임영대군과 함께 와서 이 사실을 나에게 고했다. 무지한 아녀자의 경우는 논할 필요도 없다. 하지만 알 만한 환관들이 궁녀의 말을 외부에 전하는 것이 죄가 됨을 모르지는 않았을 것이다. 하여 내가 마땅히 법을 바르게 밝혀서 그 죄를 세상에 모두 드러내겠다. 예로부터 말하기를 '가르치지 못하고 타이르지 못할 자는 오직 부녀자와 내시뿐이다'라고 하였다. 내가 환관들을 이미 엄하게 다스렸는데도 여전히 이와 같은 무리가 기강을 어지럽히고 있다. 이것은 집안의 도리가 정돈되어 있지 않기 때문이다."

임금이 바로 최호와 김중호를 묶어 놓고 때리며 신문하니 모두 다 승복하였다. 이에 명하여 두 환관을 문 밖으로 끌어내 때려죽였다.

내 덕중을 죽이겠다

또 전교하였다.

"궁녀 덕중의 죄 또한 이미 지극하다. 한편으로는 종친을 더럽히고 한편으로는 환관을 죽게 했으니, 덕중도 마땅히 죽여야 한다. 하지만 내가 덕중을 눈앞에 두고 본 지 오래되었다. 우선은 너그럽게 용서하고자 하는데 여러 재상의 뜻은 어떠한가?"

모두 말하였다.

"죽여야 합니다."

임금이 말하였다.

"내 마땅히 죽이겠다. 임금의 마음은 공명정대해야 하며, 죽이거나 상 주는 일을 모두 공평하게 해야 한다. 어찌 조금이라도 그 사이에 사랑과 미움의 감정을 섞겠는가?"

임금이 환관 김처선을 불러 '네 죄도 작지 않지만 죄의 수괴를 이미 죽였으니 너희들은 용서하겠다'라고 하였다. 옆에 있던 귀성군 이준이 황공하여 어쩔 줄을 몰라하자 임금이 말하였다.

"네가 어찌 황공해하느냐? 죄는 저들에게 있지 너에게 있지 않다. 짙은 구름이 해를 가린다고 어찌 밝음을 손상할 수 있겠는가?

너의 마음이 바른데 어찌 남의 말을 걱정하느냐? 탄핵 논란이 있더라도 나와서 정무를 보도록 하라. 너는 어찌 이토록 황공해하며 두려워하는가?"

임금이 술자리를 베풀고 귀성군 이준에게 일어나 춤을 추게 하고 위로하였다. 또 종친들도 일어나 춤추게 하였는데, 한낮이 되어서야 파하였다. _ 세조 11년(1465) 9월 4일

소용에서 궁녀로, 그리고 죽음

날이 밝기 전에 덕중을 밖으로 내보내고 교외에서 목매달았다. 덕중은 주상이 왕이 되기 전에 들어와 후궁이 되어 아들을 낳았다. 임금께서 즉위하신 후에 소용昭容에 봉해졌으나 그 아들이 죽었다. 임금이 전교하였다.

"지난 수십 일 동안 다섯 사람이 처형됐으니,* 여러 신하와 백성들이 어찌 두려워하지 않겠는가? 마땅히 널리 은혜를 베풀어 사람들의 마음을 안정시켜야겠다."

임금이 사면령을 내렸는데, 교서는 이러하였다.

"제왕의 정치는 몸에서 시작해 집안으로, 나라로, 그리고 천하로 나아간다. 일찍이 나인 덕중이 환관 송중을 사랑하다가 발각되

* 세조 11년 8월, 세조는 온양온천에 다녀온다. 이때 충청도 관찰사 김진지와 도사 강안중이 백성에게 물품을 걷어 여러 재상들에게 뇌물을 바쳤다. 이 일이 발각돼 김진지와 강안중이 처형됐다. 이들과 덕중, 두 환관을 합해 한 달 새 5명이 처형되었다.

었다. 그때 두 사람의 죄를 함께 다스리고자 했지만, 다시 생각해 보니 죄는 덕중이 지은 것이지 송중과는 상관이 없었다. 하여 내가 송중에게 이전과 같이 직무를 수행하게 하였다. 그런데 후에 덕중이 또다시 편지를 써서 환관 최호를 시켜 귀성군에게 전달하였다. 이에 귀성군과 그 아비 임영대군이 즉시 나에게 모든 일을 자세히 아뢰었다. 내가 이 일을 밝히고 싶지 않아서 즉시 덕중을 아래로 내치고, 궁중에서 나인들의 심부름이나 하게 하였다. 그런데도 오히려 뉘우치지 않고, 지금 다시 편지를 써서 환관 김중호를 시켜 귀성군에게 전달하였다. 귀성군과 임영대군은 또다시 바로 나에게 와서 모두 고하였다. 하여 내가 덕중에게 직접 물으니 하나하나 모두 승복하였다. 즉시 환관 최호와 김중호는 때려죽이고, 나인 덕중도 법률에 따라 처단하였다. 슬프구나! 천하국가를 다스리는 데는 기강을 바르게 하는 것만큼 시급한 것이 없다. 왕이 백성을 죽이고 상 주는 일을 하늘이 내려다보고 있다. 어찌 사사로운 감정을 개입시키겠는가? 하여 모든 죄를 서둘러 처리하였을 뿐이다." _ 세조 11년(1465) 9월 5일

6-4 맏아들 의경세자의 죽음*

자신의 죽음을 예감한 의경세자

세조의 맏아들 의경세자도원군가 본궁세조가 즉위 전에 살던 사저 안채에서 졸卒하였다. 세자는 용모와 행동이 아름다웠고, 성품이 온화하고, 어질고, 공경스러웠으며, 학문을 좋아하였다. 또 해서楷書체를 잘 썼다. 임금과 중전이 몹시 슬퍼하니, 시종하는 모든 신하들도

* 세조의 맏아들 의경세자는 세조 3년 9월 2일, 20세의 나이로 졸했다. 의경세자의 죽음에 관해서는 단종의 모후인 현덕왕후와 관련된 야사가 전해진다. 세조가 단종을 영월로 유배 보내자 현덕왕후가 세조의 꿈에 나타나 세조의 후손들을 저주하며 침을 뱉었다는 얘기다. 이 꿈으로 세조는 피부병을 얻게 됐고, 세조의 맏아들 의경세자도 죽게 됐다는 것이다. 실록에는 이 꿈 이야기가 실려 있지 않다. 그러나 이런 소문에는 나름의 근거가 있다. 단종이 영월로 유배를 떠난 직후, 의경세자가 갑자기 병을 얻었고, 의경세자가 죽은 지 닷새 후인 9월 7일에는 현덕왕후 능의 석물 등이 철거됐다. 이때 현덕왕후는 왕후에서 서인으로 강등되고, 그 능은 안산의 바닷가로 천장됐다. 그리고 의경세자가 죽은 지 두 달 만에(세조 3년 10월 21일) 단종도 영월에서 의문의 죽음을 맞는다. 꿈의 실제 여부는 알 수 없으나, 의경세자의 죽음을 전후해서 세조가 단종과 현덕왕후에게 원한을 품은 듯한 행동을 보이는 것은 실록에서도 확인할 수 있다. 의경세자의 죽음을 둘러싸고 흉흉한 여론이 형성된 사실도 확인할 수 있다.

애통해하였다. 처음 세자가 병이 났을 때 붓과 종이를 찾아서 고체시古詩: 당나라 이전에 쓰던 시의 형식를 썼는데, 그 내용은 이러하였다.

"비바람 무정하여 모란꽃이 떨어지고
섬돌에 휘날리는 붉은 작약, 난간에 가득하네.
당 태종이 촉 땅에 가서 양귀비를 잃고 나서
설령 후궁이 있다 해도 즐거이 바라보지 않았다네."

세자가 곁에서 간호하는 사람들에게 시를 보여 주니, 사람들이 그 시어詩語가 상서롭지 않다며 근심하였다. _ 세조 3년(1457) 9월 2일

재주 많은 맏아들의 죽음

우리 세조께서 즉위하신 지 3년이 되던 해 9월에 왕세자가 병으로 졸하였다. 나이는 스물이었다. 의경세자의 휘는 이장李暲이고 자字는 원명原明이다. 세종 21년1439년 9월 15일 병신시에 태어났다. 옛 제도에 따르면 여러 왕자의 부인들은 장차 출산하려고 할 때 반드시 궐 밖의 사가로 나갔다. 그런데 정희왕후세조비는 특별히 세종과 소헌왕후의 사랑을 받아 왕세자를 궁궐 안에서 낳았다. 의경세자는 체격이 준수하고, 성품이 어른스러웠으며, 용모가 단정하고 우아했다. 세종께서 친히 안아 주시고 데리고 다니면서 다른 왕손과는 다르게 대하셨다. 세종 27년1445년 정월에 정의대부에 제수되었

고, 도원군桃源君에 봉해졌다.

을해년세조 1년(1455) 윤6월 을묘일에 세조께서 즉위하시자 왕세자에 책봉되었다. 세조께서는 서연관세자의 스승들을 선임하여 세자를 교육하는 데 모든 방도를 다하셨고, 세자 또한 학업을 즐기며 조금도 게을리하지 않았다. 또 하루에 세 번씩 서연관을 불러 강론하였다. 하루는 『서경』을 읽다가 「순전」舜典 편에 이르러 천체를 관측하는 기형璣衡에 관한 주석을 읽었다. 그러나 그 제도를 문자만으로는 이해하기가 어려웠다. 하여 즉시 서연관과 함께 간의대簡儀臺: 천문대에 올라가 혼천의渾天儀: 천문 관측기를 관찰하고 『서경』에 실린 것과 반복해 참고하면서 막히는 곳이 없게 하였다. 다른 글을 읽을 때도 모두 그러해서, 의심이 나면 반드시 묻고, 묻고 나면 반드시 다시 살폈다.

처음 세자가 병을 앓았을 때, 임금이 몹시 근심하였다. 세자를 즉시 궐 밖에 있는 사저로 피병시켰고, 성심껏 기도드리고 약재를 쓰면서 정성을 다하였다. 이에 세자의 병이 조금 나아졌는데, 임금이 몹시 기뻐하며 곁에서 간호하는 사람, 호위하는 군사들, 그리고 여러 관리들에게 한 계급씩 관작을 올려 주었다. 그러나 얼마 지나지 않아 병이 다시 심해졌고 끝내 회복하지 못하였다. 임금과 중전이 크게 슬퍼하며 음식을 줄였고, 정무를 5일간 정지했으며, 저자도 5일간 파하였다. 대신들이 여러 번 수라를 드시라 청했으나 허락하지 않으시고 30일간 소복을 입으셨다. 종친과 대신들 그리고 민간의 백성들까지 모두 슬퍼하며 눈물을 흘렸고, 추모하지 않는 사람이 없었다. 사람들이 말하였다.

"우리 백성들이 복이 없구나. 세자같이 덕스러운 사람이 천수를 다하지 못하고 돌아가셨으니!" _ 세조 3년(1457) 11월 24일, 의경세자 묘지문 중

6-5. 성삼문의 저주? 아들들에 관한 뜬소문

성삼문의 저주라는 소문

성삼문, 박팽년 등이 처형된 지 얼마 지나지 않아 도성에 천둥과 번개가 크게 쳤다. 궁궐 후원의 나무와, 건춘문建春門: 경복궁 동문의 문지기인 갑사 김장수金長守가 벼락에 맞았다. 이에 괴이한 기운을 해소하는 해괴제를 지냈다. _ 세조 2년(1456) 6월 26일

의금부에 전지하였다.

"학생 박신朴信이 요망한 말로 군중을 현혹하고 있으니, 그를 추국해서 아뢰어라."

박신이 스스로 말하였다.

"군기감 앞사육신이 처형당한 곳에 군복을 입은 40여 명의 사람들이 홀연히 나타났는데, 그들은 역적 성승과 성삼문 등이었습니다. 그들이 모두 말에서 내려 무릎을 꿇었는데, 잠시 후 푸른 포대를 멘 사람이 뒤따라와서 또 무릎을 꿇고 말했습니다. '제가 벼락 신雷公

神*의 아버지를 뵙지 않게 되기를 소망했는데, 불행히도 만나고 말았습니다.'"

전 예문제학 윤사윤이 이 말을 임금께 아뢰었다. 임금이 승정원에 명해 박신을 불러 과연 그런 말을 했는지 물었다. 박신이 말하였다.

"그런 말을 한 적이 있습니다."

얼마 전 의경세자가 죽어 임금과 중전이 상심하였다. 이에 박신이 재액을 물리치는 술수를 만들어 임금께 등용되고자 이러한 헛소문을 퍼뜨린 것이다. _ 세조 3년(1457) 9월 9일

의금부에서 아뢰었다.

"학생 박신이 술법을 써서 포상을 받으려고 요상한 말을 만들어 여러 사람의 이목을 현혹시켰습니다. 전하께 지극히 해로운 말을 발설하였으니 그 죄가 참형과 재산 몰수에 해당합니다."

임금이 죄를 한 등급 감하여 시행하라고 명하였다. _ 세조 3년(1457) 9월 17일

* 뇌공신(雷公神): 번개와 천둥을 일으키는 존재로 신의 분노, 징벌, 심판을 상징한다. 사육신이 처벌 된 직후에 건춘문에 벼락이 쳤는데, 당시 이 일에 대한 유언비어가 많이 돌았다. 아마 박신의 말은 이 일을 빗댄 것으로 짐작된다.

맏아들도, 둘째아들도 무사치 못하리

황해도 관찰사 이예손李禮孫이 검률檢律: 형조와 지방 관청에서 사법 행정의 실무와 교육을 맡던 종9품 벼슬을 보내 아뢰었다.

"사노비 석산이 망극한 말을 하였습니다."

임금이 경회루 동편방으로 가서 주변을 물리치고 그 검률을 불러 친히 물었다. 검률이 대답하였다.

"석산이 일전에 길에서 해양대군세조의 둘째아들, 예종의 종 망내亡乃 등을 만났습니다. 석산이 어디로 가느냐고 묻자 망내가 말하기를, '해산물을 면화로 바꾸러 가는 길이다'라고 하였습니다. 그러자 석산이 말했습니다. '지금 동궁이 죽어서 해산물과 고기를 금하고 있다. 네가 가더라도 소용없을 것이다.' 또 석산이 말하기를, '도원군의경세자을 그릇되게 세자로 책봉했으니 죽지 않고 어쩌겠는가? 반드시 해양대군예종을 해치려는 자도 있을 것이다'라고 하였습니다."

임금이 말하였다.

"정말로 참언이다."

임금이 승정원에 명해 황해도 관찰사 이예손에게 글을 내렸다.

"석산은 형구를 채워서 군사 10여 명을 시켜 한양으로 압송하라. 그리고 처음 이 일을 고발한 중경과 그 말을 들은 증인 석곤과 망내 등도 역마驛馬를 태워 올려 보내라." _ 세조 3년(1457) 9월 23일

6-6. 하나 남은 애틋한 아들, 세자 예종

소중한 둘째아들

임금이 종친과 대신들을 불러 후원에서 활을 쏘았다. 세자가 술을 올리니 다른 종친과 대신들도 술을 올렸다. 임금이 우의정 권남에게 말하였다.

"내가 세자를 중하게 여긴다. 세자를 중하게 여기는 일은 종사를 중하는 여기는 일이다." _ 세조 6년(1460) 11월 27일

임금이 중전과 함께 충순당에 나아가 잔치를 베풀었다. 종친과 대신들이 입시하였고, 영의정 강맹경 등이 술을 올렸다. 또 왕세자도 술을 올렸다. 술에 취하자 임금이 강맹경에게 일어나 춤을 추게 하였고, 종친과 대신들도 모두 일어나 춤을 추게 하였다. 또 임금도 일어나 춤을 추었는데, 세자의 병이 다 나았기 때문에 잔치를 벌인 것이었다. _ 세조 6년(1460) 윤11월 11일

세자의 글씨가 나보다 낫다

임금이 호조 참판 이극감에게 말하였다.

"지금 세자의 글씨를 보니 나의 글보다 낫고, 글의 이치도 밝게 터득했다. 내가 매우 기쁘게 여긴다. 무릇 학문할 때에는 종일토록 종이 한 장을 외우느라 의지와 기개를 손상시켜서는 안 된다. 책 전체를 넓게 읽어 문장과 기개를 기르도록 하라. 경은 힘써 세자가 많이 읽도록 하고, 그것으로 넓게 보고 두루 아는 바탕을 삼게 하라. 수고스럽게 책만 읽다가 의지와 기개를 손상시켜 끝내는 썩어빠진 선비가 되는 일이 없도록 하라." _ 세조 7년(1461) 5월 29일

소인도 가까이하라

임금이 호조 참판 이극감에게 말하였다.

"경은 세자의 스승이기에 내가 특별히 중히 여긴다. 사람들은 말하기를, 세자를 기를 때에는 마땅히 소인을 멀리하고 군자를 가까이해야 한다고 한다. 진실로 그러하다. 그러나 내 생각에는, 군자와는 당연히 친해야 하지만, 소인과도 가까이 지내지 않을 수 없다. 무릇 민간의 작고 미세한 일이라도 그 진실과 거짓을 판별할 줄 알아야 하고, 도적과 간사한 무리들의 속내와 동태도 알지 못하는 것이 없어야 한다. 그런 연후에 백성에게 임한다면, 그 어떤 일을 만나더라도 반드시 통달하여 능히 처결할 수 있을 것이다." _ 세조 7년(1461) 7월 23일

아들의 영민함에 크게 기뻐하다

평양 순행길에 어가가 개성에 머물렀다. 세자예종가 아뢰었다.

"지금 병정兵政에는 개경에 '숭인문'崇仁門이 있다고 써 있습니다. 그런데 개경에는 그런 문이 없습니다. 인쇄가 잘못된 것 같습니다."

임금이 말하였다.

"어찌 인쇄가 잘못됐겠느냐? 네가 제대로 살피지 못한 것이다."

임금이 이조 판서 구치관 등을 불러서 개성 사대문의 이름을 물었다. 그랬더니, 과연 흥인문興仁門이 잘못 인쇄돼 숭인문이라 적혀 있었다. 임금이 크게 기뻐하며 말하였다.

"나부터 먼저 벌주를 마셔야겠구나. 경들도 잘못된 글자를 찾아내지 못했는데 세자가 이를 발견하였다. 경들이 어찌 책임을 피할 수가 있겠는가?"

임금이 세자의 스승인 구치관의 갓을 벗기고 벌주를 두어 잔 내렸다. _ 세조 6년(1460) 10월 10일

6-7. 거듭되는 자손의 비극

원손의 탄생과 세자빈의 죽음*

밤에 왕세자빈예종의 비, 한명회의 딸 한씨가 녹사 안기安耆의 집에서 아들을 낳았다. 임금이 몹시 기뻐하며 즉시 세자빈의 아버지인 한명회와 승지 홍응을 입궐하게 하고 말하였다.

"천하의 어떤 일이 오늘의 이 경사보다 더 기쁘겠는가?"

임금이 명하여 술을 올리게 하고, 홍응에게 사면령의 초안을 만들도록 하였다. 임금이 잠도 자지 않고 밤을 새우면서 서쪽 문에 머무르며 소식을 전하게 하였다. _세조 7년(1461) 11월 30일

왕세자빈 한씨가 안기의 집에서 졸卒하였다. _세조 7년(1461) 12월 5일

* 의경세자가 죽은 후 세조의 둘째아들이 세자 자리에 오르는데, 그가 바로 예종이다. 예종은 12세, 그의 왕비 장순왕후는 17세에 첫아들을 낳았다. 그러나 세자빈은 출산 직후, 세손은 두 돌 만에 사망했다.

세 살 원손이 죽다

원손이 졸하였다. 휘諱: 임금의 이름는 분糞이었고, 나이는 3세였는데, 윤사윤尹士昀의 집에서 염하였다. _ 세조 9년(1463) 10월 24일

의정부와 육조에서 안부를 여쭈니 임금이 전지하였다.

"속히 도체찰사로 함길도에 가 있는 한명회원자의 외조부에게 원자의 죽음을 알리도록 하라."

영의정 신숙주, 우의정 구치관 등이 한명회에게 보낼 교지의 초안을 작성하였다.

"이달 23일에 원손이 풍질에 걸려서 24일 새벽에 불행을 당하였다. 치료를 위해 하지 않은 일이 없었지만 일이 이러한 지경에 이르렀다. 이는 실로 하늘의 일이지 사람의 힘이 미칠 바가 아니다. 어찌하겠는가? 경이 변경에 있으면서 응당 마음을 가눌 수 없을 것이라 생각한다. 그러나 경은 이미 국가의 중대한 책임을 맡았으니 회한에 빠지지 말라. 경이 비록 상경한다 하더라도 도움될 것이 없다. 슬픔과 한탄을 풀어 버리고 중임을 맡긴 뜻에 부응하라."

임금이 다시 전지하였다.

"임금의 교지로 보내지 말라. 경들이 편지를 써서 알리는 것이 좋겠다."

신숙주 등이 바로 편지를 써서 보냈다. _ 세조 9년(1463) 10월 24일

6-8. 지긋지긋한 질병

죽을 고비를 넘기다

임금이 병환이 난 지 며칠이 지났다. 이에 밤 5고대체로 새벽 3시~5시에 이조 판서 한계희 등을 불러 약시중을 들게 하였다. 동틀 무렵에 거처를 경복궁 충순당으로 옮기게 되었다. 이때 후원 문밖에 이르렀는데 임금이 갑자기 귀성군 이준의 어깨에 기댔다. 임금이 충순당에 도착했을 때는 병이 더욱 심해져서 김상진 등이 약을 올렸다. 임금이 도승지 신면을 재촉해 불렀는데, 할 말이 있는 것 같았지만 끝내 아무런 명이 없었다. 대개 병이 위독해져 뒷일을 부탁하고자 하였던 것으로 생각된다. 한계희 등이 중전의 명을 받들어 내불당에서 공작 기도재불교의 밀교에서 공작명왕에게 지내는 제사를 지냈는데, 김수온과 강희맹에게 향을 전달하게 하였다.

이때 중전이 한계희 등에게 명하기를, 임금의 병을 비밀로 하고 발설하지 말라고 하였다. 한계희가 노사신에게 말하였다.

"우리들이 단독으로 결정하고 영의정에게 알리지 않았다가 만일 전하께서 승하하시게 되면 큰일이 아닌가?"

한계희가 중전에게 은근히 이런 뜻을 보이자 중전이 신숙주, 한명회, 구치관 등 조정대신들을 빈청에 모이게 하였다. 이어 중전의 뜻을 받들어 여러 신하들을 종묘, 사직, 명산, 대천, 사찰에 나누어 보내 기도하게 하였다. 해가 저물자 신면이 어명을 받들어 강도 이외의 죄인을 방면하였다. _ 세조 12년(1466) 9월 28일

이제 낫지 못하는 걸 알겠다

임금이 편찮아서 정찬손, 정인지, 신숙주, 한명회 등 여러 대신들과 종친들이 문안하였다. 이들은 임금이 불러서 안으로 들어갔다가, 다시 나와서 세자를 모시고 정사를 의논해 결정하였다. 저녁에도 여러 종친과 대신들이 와서 문안을 드렸다. 임금이 전지하였다.

"나는 차례를 어기고 외람되게 왕업을 물려받았다. 그러나 재주가 없고 덕이 없어서 옛 정치 제도를 많이 변화시켰다. 군적 정비, 호패 발급, 백성의 변방 이주, 『경국대전』 편찬을 한꺼번에 시행하였고, 경진북정·정해서정 등 병사의 일이 끊이지 않았다. 이 모든 일이 백성들의 원망과 한탄이 되었다. 이처럼 민심이 고요하지 않은데 천심天心인들 어찌 편안하겠는가? 근일에 전위하고자 한 일은 내가 진실로 안 되는 일인 줄 안다. 하지만 그럴 수밖에 없는 것이, 나의 병이 이미 5~6년이나 되었기 때문이다. 위로는 하늘에 제사 지내지 못했고, 아래로는 군사 훈련을 하지 못해 나라가 쇠

약해진 지 이미 오래다. 그런데 이제 내가 다시 중한 병을 얻었으니 이제는 낫기 어렵다는 것을 안다. 내가 죽으면 세자가 관 앞에서 즉위도 하고 통곡도 하게 한다. 이는 길흉이 서로 섞이는 일이니 매우 안 될 일이다. 만일 내가 선위한 이후에 병이 낫는다고 한다면, 하루만이라도 유유자적하는 즐거움을 누릴 수 있을 것이니 그 또한 좋은 일이다. 하여 일전에 내가 선위하겠다는 마음을 결정하여 반드시 실행하려고 했었다. 그러나 경들이 대의를 들어 굳이 만류하기에 부득이 그만둔 것이다. 내 생각으로는 이것 이외에 다른 방도는 없었는데, 지금 생각해 보니 부끄럽기 그지없다. 지금 이후로 경들은 네 번으로 나누어 대궐에 나와 세자와 함께 정사를 의논해 결정하도록 하라."

이에 정인지·구치관·홍윤성·김질을 1번으로 삼고, 정창손·심회·조석문·김국광을 2번으로 삼고, 신숙주·박원형·홍달손·노사신을 3번으로 삼고, 한명회·최항·강순을 4번으로 삼았다. 또 조석문, 노사신에게 『북정록』경진북정기을 편찬하라 명하였다. _ 세조 14년 (1468) 7월 22일

6-9. 예종, 너는 나를 닮지 말라

임금이 경복궁 화위당에 나가 활 쏘는 것을 구경하고 술자리를 베풀었는데, 여러 종친과 대신들이 입시하였다. 임금이 세자에게 술을 올리라 명하고 말하였다.

"너는 예전에는 보통 아이들과 다름이 없었다. 그러나 지금은 그렇지 않아 지극히 귀하게 되었다. 너는 마땅히 먼저 농사짓는 어려움을 알아야 한다. 옛날에 어떤 임금이 백성이 굶주린다는 말을 듣고 '어째서 고기죽을 먹지 않는가?'라고 했다고 한다. 대신들도 모름지기 이 뜻을 알아야 한다."

또 말하였다. "나는 일을 할 때 한결같이 정해진 규범을 따르지 않았다. 나 같은 사람은 족히 본받을 만한 것이 없다. 너는 할아버지 세종을 본받았으면 좋겠다."

임금이 좌승지 이극감을 돌아보며 말하였다.

"내가 그대에게 세자를 부탁한다. 그대가 잘 보필할 수 있을 터이니 내가 아무 걱정이 없다." _ 세조 6년(1460) 5월 11일

6-10. 원한을 풀고 가는 길

살아남은 난신의 가족을 방면하라

임금이 전지하였다.

"계유정난단종 1년, 수양대군이 김종서를 제거한 반란 이후 역모죄에 연좌된 남자들 중에서, 아직 장정이 되지 않아 16세가 되기를 기다려 죄를 결정하기로 한 사람과, 보증인을 두고서 보석된 사람들을 모두 방면해 영구히 서인일반 양인이 되게 하라. 단, 서울 바깥의 외방에서 편한 곳을 택해서 살게 하라." _ 세조 5년(1459) 6월 18일

노비가 된 역적의 처와 딸들을 모두 놓아주어라

임금이 형조에 전지하였다.

"역적의 처와 첩, 그리고 딸들을 공신의 집에 종으로 주었었다. 지금 그들을 모두 방면하고자 하니, 공신들에게는 다른 노비를 충당해 주어라." _ 세조 9년(1463) 8월 13일

공신의 종이 됐던 단종의 후궁을 방면하다

권안의 딸 권중비를 방면하였다. 권중비는 노산군의 후궁이었기 때문에 일찍이 공신에게 종으로 주었는데, 이때에 이르러 방면하였다. _ 세조 10년(1464) 4월 18일

난신의 가족 2백여 명을 방면하다

임금이 몹시 편찮았다. 이에 세자가 역모에 연좌된 사람들 중에서 도형徒刑: 일정한 기간 동안 지정된 장소에서 노역하는 형벌, 유형流刑: 유배형, 부처付處: 임의로 한 곳을 지정해 머무는 형벌, 종편從便: 원하는 곳을 지정해 머무는 형벌에 처해진 자를 방면하고자 하였다. 이에 의정부와 승정원에 의논하게 하였는데, 정인지, 정찬손, 신숙주, 한명회 등이 아뢰었다.

"병자년세조 2년, 사육신의 난 성삼문의 난은 세월이 오래 지나지 않아 성급히 논할 수 없습니다. 계유년단종 1년 김종서의 난에 연좌된 죄인은 마땅히 용서해 주십시오."

세자가 말하였다.

"만일 역모에 연좌된 자들을 모두 방면하기로 결정한다면 세월이 오래되고 말고가 무슨 문제겠는가? 그들의 처첩들 또한 방면하고자 한다. 그런데 관청에 속한 노비들을 방면하는 것은 어렵지 않지만, 공신에게 내려 준 노비들을 방면하는 것은 공신들이 싫어할까 두렵다. 그래서 망설이며 결단하지 못하는 것이다."

정찬손이 대답하였다.

"누가 싫다고 생각하겠습니까? 방면하는 게 좋겠습니다."

세자가 말하였다.

"역적의 처와 첩들도 죄의 경중을 가려 모두 석방하고자 한다. 의정부에서 다시 논의하라." _ 세조 14년(1468) 9월 3일

이때 임금의 병이 위급해져 세자가 두려워하며 어찌할 바를 몰라 했다. 이에 계유년 이래 역모에 연좌되었던 사람 2백여 명을 방면하였다. _ 세조 14년(1468) 9월 6일

6-11. 죽으면 빨리 썩어야 한다

아버지 세종 생각에 눈물을 흘리다

임금이 사정전에 나아가 종친과 대신, 그리고 장수들과 담소를 나누며 각각 술을 올리게 하였다. 또 영순군永順君 이부李溥: 세종의 다섯 번째 아들인 광평대군의 외동아들에게 명해 여덟 명의 기생에게 언문 가사를 내려 주고 노래를 부르게 했는데, 그 노래는 세종이 지은 「월인천강지곡」이었다. 임금이 세종을 생각하며 잠시 아무 말도 하지 않다가 호조 판서 노사신를 불러 이야기를 나눴다. 한참 후에 임금이 눈물을 흘리고 노사신 또한 엎드려 흐느꼈다. 이에 주변 사람들이 모두 숙연해졌다. _ 세조 14년(1468) 5월 12일

세조의 승하, 그리고 유언

세조가 수강궁壽康宮: 지금의 창경궁 자리에 있던 궁 정침正寢: 침소에서 승하하였다. _ 세조 14년(1468) 9월 8일

세조가 유지를 남겼다.

"죽으면 빨리 썩어야 하니 무덤에 석실과 석곽돌로 관 바깥에 덧널을 축조한 것을 만들지 말라." _ 예종 즉위년(1468) 9월 17일

예종이 승정원에 전교하였다.

"이제 능에 석실을 만들지 않기로 했는데 동원된 역부役夫가 너무 많지 않은가? 빨리 추려서 돌려보내라."

승정원에서 산릉도감山陵都監: 능을 조성하는 임시 기관의 낭관을 불러서 물으니 대답하였다.

"전례에 따라 석실을 만들면 역부 6천 명이 필요합니다. 지금 석실을 만들지 말라고 하셨기 때문에 3천 명만 있으면 됩니다." _ 예종 즉위년(1468) 9월 23일

七・ 세조의 여성관과 그 시대의 여인들

7-1. 남자이자 여자, 사방지를 살려 주다

양물과 음물을 모두 가진 사방지

사헌부 장령 신송주申松舟가 아뢰었다.

"한양 서부에서 올린 보고서를 보았더니, 여경방종로구 신문로 부근에 사는 죽은 학생 김귀석金龜石의 처 이씨의 집에 사방지舍方知란 사람이 있다고 합니다. 그런데 그 사방지가 여복女服을 입고 행적도 괴이하다고 했습니다. 하여 사헌부에서 잡아다가 보았더니 과연 여자의 옷을 입었는데, 음경과 음낭은 남자였습니다. 그가 남자인데도 여장을 하고 다니는 데는 반드시 이유가 있을 것이니, 청컨대 국문하여 자백받게 해주십시오."

임금이 하성위 정현조에게 말하였다.

"승지들에게 명해 살펴보게 하라."

임금이 정현조에게 승지들과 함께 가서 사방지를 보게 했는데, 머리 장식과 옷은 여자였지만 생김새와 음경, 그리고 음낭은 모두 남자였다. 다만 요도가 경두莖頭 아래에 있어 보통과 조금 다를 뿐이었다. 승지 등이 아뢰었다.

"이 자는 바로 양물과 음물을 모두 가진 사람인데, 이런 사람 중에는 남자의 모습으로 태어난 사람이 더 많습니다."

과부 이씨와 간통하다

임금이 말하였다.

"황당한 사람이 여자의 집에 출입했는데도 그 아비 이순지李純之가 가장으로서 막지 못했으니 참으로 잘못했다. 그러나 간통한 현장을 잡은 것도 아닌데 너희 사헌부에서 재상의 집안일을 경솔하게 논하였다. 또 이같이 이상한 일을 나에게 고하지도 않고 억지로 사람을 잡아다가 취조했다고 하니, 해서는 안 될 일이다."

이에 임금이 사헌부 관리를 파직하도록 명하였다. 저녁에 영순군 이부를 시켜 승지들에게 물었다.

"사방지를 가두고 국문하는 것이 어떻겠는가?"

승지들이 아뢰었다.

"진실로 마땅합니다."

이에 의금부에 가두고 국문하게 하였다. 당시에 이씨 부인은 소문난 부호였는데, 사방지의 화려한 옷과 장신구는 모두 이씨가 준 것이었다. _ 세조 8년(1462) 4월 27일

병자는 추국하지 않는다

의금부에서 아뢰기를 "청컨대 사방지를 추국하십시오"라고 하였다.

임금이 글을 내려 말하였다.

"사방지는 병자病者이다. 추국하지 말라." _ 세조 8년(1462) 4월 29일

끝나지 않은 애정 행각

김귀석의 아내는 명문가인 이순지의 딸이었는데 일찍 과부가 되었다. 사방지는 그 일가친척인 안맹담安孟聃의 종이었는데, 턱수염이 없어 생김새가 여자와 같았고, 바느질을 잘했으며, 여자 옷을 입고 다녔다. 일찍이 사방지가 한 비구니와 간통했는데, 그 비구니가 이씨의 이웃에 살아서 사방지는 이씨의 집에 드나들 수 있었다. 마침내 이씨와 특별히 사랑하게 되어 항상 곁에 있으면서 같은 그릇에 음식을 먹고 같은 자리에 앉고 누웠다. 또 의복을 같은 색으로 맞추어 입었는데 지극히 사치스럽고 화려하였다. 노비들은 사방지를 집주인처럼 모셨고, 이웃 사람들이 알더라도 별달리 부끄럽게 여기지 않았다. 이에 추잡한 소문이 널리 퍼져 사헌부에서 이를 규찰했던 것이다.

임금이 승정원에 명해 사방지와 이씨의 일을 자세히 조사하게 하였다. 조사한 내용을 검토한 세조는 사대부인 이순지의 딸을 욕되게 하는 것은 옳지 않다고 여겨 사방지를 석방하고자 하였다.

그러나 권남이 강력하게 처벌하기를 청하자 임금이 사방지를 의금부에 가두고 실상을 조사하라고 명하였다.

얼마 후 임금이 이순지에게 알아서 사방지를 처리하게 하였다. 그런데 이순지가 사방지를 감싸고 돌며 시골집에 두었다. 그러자 이씨는 온천에 목욕하러 간다고 핑계하고서 사방지를 따라갔다. 이후 이순지가 죽자 사방지는 다시 이씨의 집에 들어와 처음과 다름없이 살았다. 이에 사헌부가 이를 조사하였고, 의녀를 시켜 진단해 보니 과연 남자였다.

5년 후, 다시 고발당한 사방지

한명회가 임금께 아뢰었다.

"사방지가 다시 이씨의 집에 들어갔으니 추잡한 행적이 더욱 뚜렷합니다. 청컨대 먼 지방으로 유배 보내십시오."

임금이 말하였다.

"전에도 죄를 묻지 않았으니 이번에도 내버려 두겠다."

신숙주와 심회가 아뢰었다.

"사방지가 일찍이 비구니와 간통했는데, 그 비구니가 끝내는 머리를 기르고 파계했습니다. 어떻게 된 일인지 알 만합니다. 청컨대 도성 안에 오래 살면서 풍속을 더럽히는 일이 없도록 하십시오."

또 신숙주가 아뢰었다.

"외간에서 전하기를 '사방지가 아니라 사실은 서방적西房的: 남자

사위를 빗댄 말이다'라고 한답니다. 이와 같은 사람이 『강호기문』江湖紀聞에 기록돼 있다고 합니다."

임금이 서거정에게 그러한 것을 아는지 물으니 대답하였다.

"과연 그런 기록이 있습니다. 그 기록에 이르기를 '하늘에 있는 도道는 음과 양이라고 하고, 사람에게 있는 도는 남과 여라고 한다'라고 하였습니다. 이 사람은 남자도 아니고 여자도 아니니 용서 없이 죽여야 합니다."

임금이 좌승지 윤필상에게 말하였다.

"이 자는 사람의 부류가 아니다. 멀리 변방으로 내쫓아 한양에 함께 살지 못하게 해야 한다. 종신토록 지방 고을의 노비가 되게 하는 게 좋겠다." _ **세조 13년(1467) 4월 5일**

임금이 의금부에 명하여 사방지를 신창현新昌縣: 현 충청남도 아산의 종으로 삼았는데, 그 관청에서 돌보아 거처를 잃지 않게 하였다. _ **세조 13년(1467) 4월 6일**

7-2. 이혼하려고 상복을 벗어던진 고씨 부인

이혼을 요구한 고씨를 탄핵하다

전 순안順安 현감 강복康輻이 전처를 버리고 고경지高敬止의 딸에게 장가들었다가 또다시 아내를 버렸다. 사헌부에서 강복이 아무 이유 없이 두 번이나 정실부인을 버렸다고 탄핵하였다. 영의정 신숙주 등이 아뢰었다.

"강복이 아내 고씨를 버린 것은 진실로 잘못입니다. 그러나 아내 고씨에게도 잘못이 있습니다. 고씨가 강복과 혼인한 지 10여 년이 지난 즈음, 남편을 따라 평안도 순안으로 갔습니다. 그러다 시어머니 상을 당해 평양 본가로 돌아갔는데, 강복을 핍박하며 이혼을 요구했습니다. 그리고 스스로 상복을 벗어던지고 평상복을 입고서 서울로 상경했습니다.

당시 도성에서는 조정 관리 이준생이 아내와 사별하고 배필을 구하고 있었습니다. 이 말을 들은 고씨는 도성 안이 떠들썩하도록 혼인할 뜻을 전하더니 끝내는 이준생에게 시집갔습니다. 고씨가 남편을 배반한 죄는 이미 만천하에 드러났습니다. 그런데 고씨의 잘못은 묻지 않고 오직 강복에게만 벌을 준다면 일의 이치가 크게 어그러집니다. 무릇 군신·부자·부부는 의리가 같습니다. 부인이 남편을 배반한 것은 삼강三綱을 훼손하는 일이니, 청컨대 고씨도 의금부에 내려 그 죄를 징계하십시오."

임금이 그대로 따랐다. _ 세조 9년(1463) 4월 25일

이혼 문서를 받았으니 고씨에겐 죄가 없다

임금이 전교하였다.

"강복의 아내 고씨는 이미 이혼 문서를 받았다. 하여 그 어미가 이준생에게 시집보냈으니 진실로 남편을 배반한 것이 아니다. 내버려 두고 죄를 묻지 않는 것이 옳다. 다만 이혼한 지가 이미 오래인데, 애초에 누가 이 문제를 꺼냈는가? 사헌부에서 풍문만 듣고 탄핵한 것은 아닌가? 사헌부 관리에게 묻도록 하라."

사헌부 지평 김이용이 아뢰었다.

"신 등이 소문을 듣고서 고씨를 탄핵했습니다. 법으로는 풍문을 듣고 탄핵하는 일을 마땅히 해서는 안 됩니다. 다만 이 일은 강상綱常: 삼강오상의 윤리과 관련된 일이라 탄핵하지 않을 수 없습니다."

임금이 물었다.

"누가 먼저 말을 꺼냈는가?"

김이용이 아뢰었다.

"전前 장령 민규가 말했습니다."

임금이 민규를 불러 묻게 하였다. _ 세조 9년(1463) 4월 29일

편파적으로 처리하지 말라

의금부에서 아뢰었다.

"강복의 아내 고씨가 자복하지 않습니다. 청컨대 고문할 수 있게 해주십시오."

임금이 말하였다.

"의금부에서 고씨를 편파적으로 미워하면서 공정한 마음으로 듣지 않고 있다. 이는 가장 해서는 안 되는 일이다."

좌부승지 이계손이 말하였다.

"고씨가 지아비를 강요해 이혼 문서를 받아 놓고, 이제 와서 거짓말로 자신이 버림을 받았다고 합니다. 그러나 고씨가 상경할 때, 강복이 종과 말을 보내 호위하게 하였고, 역참에 부탁해 숙박할 수 있게 했습니다. 이를 보면 강복이 고씨를 버리지 않은 것이 분명합니다. 모름지기 고문을 해야 사정을 알 수 있기에 고문을 청한 것입니다."

임금이 말하였다.

"강복 또한 죄가 있다. 부부가 서로 싸우다가 갑자기 '나를 버리라'라고 말하는 것은 흔히 있는 일이다. 어찌 가벼이 이혼을 허락했는가? 당시 조사한 결과에 따라 법을 적용하는 것이 옳다. 또한

이준생에게는 죄가 없는가?"

이계손이 말하였다.

"아내가 죽은 지 2년도 안 됐는데 다시 다른 처에게 장가들었으니 어찌 죄가 없겠습니까?"

임금이 말하였다.

"이준생에게도 죄에 맞게 법을 적용하는 것이 옳다." _ 세조 9년(1463) 6월 7일

7-3. 남자를 홀리는 애꾸눈 부인

죽은 남의의 아내 이씨

죽은 단양군사丹陽郡事 남의南儀의 아내가 죽었다. 이씨는 예조 판서 등을 지낸 영양군 이응李膺의 손녀인데, 10여 명의 아들을 낳고서 갑자기 죽었다.

이씨는 남의의 용모가 보잘것없다는 이유로 아내의 도리를 다하지 않았다. 남의가 죽자 과부로 살았는데, 보시를 청하는 중들이 그 집 문 앞에 운집하였다. 그 집 노복이 떠벌리고 다니기를, '우리 주인은 부처를 좋아하는 것이 아니라 중을 좋아한다'라고 하였다.

중과의 간통 현장을 들키다

한 시골 선비가 이씨의 집 인근에 사는 늙은 할미의 집에서 잠시 거처하고 있었다. 하루는 어떤 중이 와서 할미에게 귓속말을 하고 갔는데, 늙은 할미가 시골 선비에게 말하였다. "오늘 여자 손님이 하나 오실 것이니 그대는 자리 좀 피해 주시오."

선비는 속으로 의심이 나서 거짓말로 그러겠다고 말하고, 대문의 가림막 뒤에 엎드려서 집안을 살폈다. 날이 저물자 그 중이 와서 말을 마구간에 매어 놓고 장삼을 벗고 드러누웠다. 중이 늙은 할미에게 말하였다.

"어찌 이리 늦는가?"

늙은 할미가 대답하였다.

"의심하지 마시오."

늙은 할미는 이내 등불을 밝히고 술상을 차려 놓고 기다렸다. 저녁 초고대략 7시~9시에 한 여인이 자주색 쓰개치마를 쓰고 여종 하나를 데리고 왔다. 여인과 중과 할미는 함께 솥발처럼 앉아 흥겹게 술을 마셨다. 조금 있다가 늙은 할미가 나가자 그 중과 여인은 서로 바짝 다가앉아 바야흐로 살뜰한 정을 나누려 하였다. 이때 숨어 있던 시골 선비가 갑자기 뛰쳐나와 사나운 목소리로 말하였다.

"이것은 어떤 여인이고, 이것은 어떤 중인가? 내 이 여자를 보니 필경 여염집 여인은 아닌 듯한데 무엇 때문에 여기에 왔는가? 내가 너희를 잡아 순라군에게 신고해야겠다."

할미와 중은 놀라고 당황해 빌면서 애원하였다. 그러나 시골 선비는 들은 체도 하지 않고 마치 이들을 잡아서 묶으려는 것처럼 하였다. 그 여인이 은밀히 여종에게 말해 면포 수십 필을 가져오게 하였다. 할미가 시골 선비의 옷을 잡아끌며 여러 번 달래며 말하였다.

“그대가 내 말을 들어주면 중이 타고 온 말과 여인이 가져온 면포를 주겠소.”

선비가 말하였다.

“이건 작은 일이 아니므로 밝히지 않을 수 없지만, 주인의 청이 간절하여 따르지 않을 수 없다.”

중과 여자는 곧 함께 도망쳤고, 시골 선비는 말에 면포를 싣고 떠났다. 사람들이 여자 손님이 누구인지 궁금해했는데, 그가 바로 이씨였다.

건장한 유균과의 재혼을 기뻐하다

그 후 몇 년이 지나 이씨가 다시 시집가고 싶어 했다. 하지만 스스로 말 꺼내기가 어려워 자기 어머니에게 말하였다.

“집안 노비가 매우 사나우니 어떻게 제어해야겠습니까?”

어머니가 그 뜻을 알고서 스스로 배우자를 고르게 하였다. 이씨는 남편 남의의 신주神主를 그의 형 남윤의 집으로 보내고, 매파를 통해 혼처를 찾았다. 이씨는 첨지 유균柳均이 남자다우면서도 기골이 장대하다는 말을 듣고 마음속으로 이미 혼인을 허락하였다. 이씨는 유균의 용모를 직접 한번 보고 싶었다. 이에 이웃에 사는 친척 이중석에게 술과 안주를 보내고, 유균 등 몇 사람을 데려와 술을 마시게 하였다. 이씨가 이들을 지켜보다가 여종에게 물었다.

"저기 키가 크고 건장한 사람이 누구인가?"

여종이 '유균'이라고 대답하자 이씨가 기뻐하며 혼인을 결정하였다.

이날 이후로 이씨는 날마다 거울을 보며 분을 발랐는데, 마침 죽은 남편 남의의 유모가 찾아왔다. 이씨가 거울을 던지고 유모를 맞이하며 말하였다.

"어머니유모는 내 뜻을 꺾으려 하지 마십시오. 이렇게 하지 않을 수 없습니다."

또 늙은 노비 몇몇이 뜰에 줄지어 서서 말하였다.

"돌아가신 주인의 재산이 넉넉하지 못합니까? 아니면 노비가 부족합니까? 도대체 무슨 이유로 새로 시집가려고 하십니까?"

늙은 노비들 중에는 눈물을 흘리는 사람도 있었는데, 이씨는 창문을 닫아걸고서 대답하지 않았다. 마침내 이씨가 유균에게 시집가자, 남의의 노비였다가 이씨 집에 살게 된 사람들이 하루아침에 모두 떠나갔다. 떠나는 이들의 울음소리가 길을 가득 메웠지만 이씨는 조금도 슬퍼하지 않았고 오히려 욕을 하며 말하였다.

"어찌 빨리 떠나지 않고 여기서 곡을 하는가?"

이씨가 유균을 사랑하여 매번 다른 사람들에게 말하였다.

"우리 집 어른은 진정한 남자이시다."

세번째 남편을 기대하다

몇 년이 지나지 않아 유균 또한 죽었는데, 이씨는 또 시집가려는 마음이 있었다. 이에 앞서 이씨가 맹인을 불러 자신의 일생을 점치게 했는데, 맹인이 말하였다.

"세 명에게 시집가는데 최후에 만나는 사람과 반드시 백년해로할 것입니다."

이때에 이씨가 유균의 시체 옆에서 탄식하며 말하였다.

"신이시여! 맹인의 말대로 되었습니다. 지아비가 또 죽었으니 최후의 남편과 백년해로하겠습니다."

상복을 입는 날에도 이씨는 손님과 마주 앉아 술을 마시며 전혀 슬퍼하는 기색이 없었다.

이씨는 죽은 유균을 위하여 집에 중들을 모아 불사佛事를 행하였다. 이씨가 창 옆으로 나와 보고 있는데, 한 중이 게송을 부르며 마당을 빙 돌다가 창문 앞에 이르러서는 반드시 옷소매로 창을 쓸어내렸다. 이씨는 거짓으로 화난 체하며 말하였다.

"저 스님 이상도 하구나!"

그러면서도 역시 피하지 않았다. 사람들이 이 중을 의심했는데, 이미 이씨와 함께 정을 통하였다.

이씨는 한쪽 눈이 보이지 않았다. 이에 한가롭게 말하기 좋아하는 사람들은 이씨를 '애꾸눈 부인'이라고 불렀다. _ 예종 1년(1469) 6월 22일

7-4. 역적의 아내와 딸 이야기

종이 된 단종의 처제들*

임금이 경회루 동편방에서 도승지 조석문曹錫文을 불러 보았다. 조석문이 들어가려는데 영천 부원군 윤사로尹師路가 말하였다.

"금성대군 이유의 처는 어린 아들 이맹한李孟漢 등을 돌봐야 하니 제외한다 해도, 그 첩들은 전례대로 공신에게 노비로 주어야 한다. 송현수의 처단종의 장모는 노산군의 아내를 위해 제외한다 해도, 나머지 딸들은 공신에게 나누어 주는 게 합당하다. 만약 이러한 의견이 받아들여진다면, 나는 송현수의 딸단종비의 여동생들을 받고자 한다."

윤사로는 정현옹주貞顯翁主: 세종의 딸에게 장가들어 주상의 총애를 받았는데, 성정은 옹졸했지만 제법 총명하였다. 재산 불리는 일

* 세조 3년, 단종의 장인 송현수는 역모를 꾀했다는 죄목으로 사형당했고 그의 처와 딸들은 노비가 되었다.

을 잘하여 지방 농장에 만석의 재산을 쌓아 두었고, 서울의 창고도 크고 웅장해 몇 리 밖에서도 볼 수 있었다. 그런데도 재물을 욕심내는 것이 이와 같았다. _ 세조 3년(1457) 10월 24일

역적의 아내들은 어떻게 살았을까?

계유년의 난계유정난과 병자년의 난사육신의 난 이래로, 지위가 높고 권세가 있는 집안의 많은 여인들이 역모죄에 연좌돼 공신의 노비가 되었다. 그런데 한 명도 죽어서 절개를 지킨 사람이 없고, 도리어 지아비를 욕하며 앞다퉈 주인에게 아첨하였다.

병자년의 난에 참여한 박대년의 아내 윤씨는 해평경상북도 선산군의 명문거족이었다. 처음에 박대년이 옥에 있으면서 정강이의 피로 편지를 써서 옥졸을 시켜 그 아내에게 전했다. 그 편지에 이르기를, "원컨대 서로 잊지 말고 사람으로서 수치스러운 일은 하지 맙시다"라고 하였다. 윤씨도 글자를 조금 알아 답장을 써서 말하기를, "밝은 해와 같이 있겠습니다"라고 하였다.

훗날 윤씨는 공신 봉석주의 여종이 되었다. 봉석주는 그의 용모를 보고 기뻐하며 위세로 겁박하기도 하고 좋은 말로 꾀기도 했는데, 윤씨도 수긍하며 허락하였다. 봉석주는 사람을 보내 그를 첩으로 맞이하려고 했는데, 윤씨가 아첨하며 말하였다.

"내가 탈 말이 준마가 아니면 시집가지 않겠습니다."

이에 봉석주가 준마로 바꾸어 그를 맞이하였다. 봉석주가 윤씨

에게 말하였다.

"너는 아직도 혈서를 생각하느냐?"

윤씨가 말하였다.

"지금은 이미 잊었습니다. 다시 말하지 마십시오."

성삼고成三顧의 아내 김씨는 이웃에 사는 한량 김수손金首孫과 정을 통하면서 방자한 행동에 거리낌이 없었다.

민신의 딸은 안잉安扔의 아내였다. 처음에 안잉의 이름은 재산이 몰수되는 자의 명단에 있지 않았다. 그러나 장인인 민신에게 연좌돼 외방으로 유배되었다. 그의 아내 민씨는 홀로 송산리松山里에 살다가 집과 전답, 그리고 노비를 모두 팔고서 이웃에 사는 향교의 서생과 정을 통했다. 안잉이 문서를 보내 이혼하니, 더욱 음란하고 방자하여 거리낌이 없었다.

고양에 사는 이식배는 현감 고덕칭高德稱: 안평대군의 측근, 계유정난 당시 능지처참됨의 병무를 보는 아전이었기 때문에 죽임을 당했고, 그 아들도 연좌되어 사형을 당했다. 이식배의 아내는 현미밥 한 그릇을 마련해서 이식배의 시체 앞에 제사를 지내고 말하였다.

"내가 차마 죽지 못했던 것은 이 아이를 위해서였습니다. 이미 죽었으니, 내가 무엇을 의지하겠습니까?"

이식배의 아내가 묘 앞의 나무에 올라가 목매달아 죽었다. _ 세조 9년(1463) 6월 23일

7-5. 처냐, 첩이냐? 역적의 딸 이소근조이*

역적의 딸, 주인 황효원과 혼인하다

대사헌 윤계겸 등이 상소를 올렸다.

"신 등이 생각건대 부부는 삼강오륜의 근본이므로 바르게 하지 않을 수 없습니다. 지금 상산군 황효원黃孝源이 노비로 하사받은 역적 이유기李裕基의 딸 소근조이小斤召史를 처로 삼았습니다. 신들이 그 전후사정을 조사해 보니 소근조이는 처가 아닌 첩이었습니다. 그런데 지금 전하께서 소근조이를 정실 처로 인정하라고 명하셨습니다. 신들은 놀라움을 금할 수 없습니다. 황효원은 소근조이

* 이소근조이: 아버지는 세조 2년(1456)에 사육신의 난에 가담했던 이유기(李裕基)다. 아버지는 성삼문 등과 함께 능지처참을 당했고 어머니와 자매는 모두 노비가 되었다. 이소근조이는 황효원의 노비가 됐지만 노비생활은 하지 않고 외가댁에 머물렀다. 이후 노비 신분으로 황효원과 혼인했는데, 비교적 예를 갖춰 혼인했던 것으로 보인다. 성종 원년(1470년)에 역적들의 처첩이 방면될 때 양인이 되었다. 召史는 이두로 '조이'라고 읽는다. 보통 여자의 이름에 관용구처럼 붙였는데, 후대에는 양인의 아내나 과부를 지칭하는 용어로 쓰였다.

가 노비였을 때 첩으로 삼았습니다. 그러다 노비 신분에서 방면되자 혼서를 작성해 마치 예를 갖춰 혼례를 치른 것처럼 꾸몄습니다. 첩을 처라고 속여 강상綱常을 어지럽힌 정황이 매우 분명합니다. 바라옵건대 속히 명을 거두시어 강상의 질서를 바로잡으십시오."

성종이 도승지 현석규에게 명하여 사헌부에 전교하였다.

"경 등의 말이 어찌 잘못이겠는가? 그러나 이씨의 집안은 본래 명문가였으며 왕실과도 인연이 있다. 비록 노비로 내려졌으나 황효원이 예를 갖춰 장가들었다. 심문했을 때에도 황효원은 예를 갖춰 혼례를 치렀다고 대답하였다. 식견 있는 재상이 어찌 거짓말을 했겠는가? 내가 원상들성종을 보좌하던 원로대신들과 다시 의논했는데 모두 말하기를, '소근조이가 아직 노비일 때 혼인하였으니 어찌 정실부인이 될 수 있겠습니까?'라고 하였다. 그러나 나는 그 사정이 용서할 만하다고 생각한다." _ 성종 7년(1476) 5월 3일

방면이 먼저인가, 혼례가 먼저인가?

도승지 김승경金升卿이 황효원의 첩 이소근조이가 처인지 첩인지 분간하는 일에 대해 아뢰었다. 성종이 물었다.

"경의 생각은 어떤가?"

김승경이 대답하였다.

"이씨는 역적 이유기의 딸입니다. 세조께서 공신인 황효원에게 특별히 노비로 내려 주셨으나 이씨의 가문이 왕실과 인연이 있

기에 지난 경인년성종 1년 1470년에 노비 신분을 면하게 되었습니다. 그런데 황효원이 이씨에게 장가든 것은 그보다 앞선 계미년세조 9년 1463년의 일입니다. 그 당시 이씨는 아직 노비 신세를 면하지 못했는데, 어찌 주인이 자기 종에게 장가를 들고 정실부인이라고 했겠습니까? 무릇 역적의 자녀를 공신의 집에 노비로 주는 것은, 그 모욕을 자손에 이르게 하여 불충한 무리에게 본보기를 보이기 위해서입니다. 공신인 황효원이 역적의 딸을 정실부인으로 삼은 것은 대신의 도리가 아닙니다."

임금이 말하였다.

"다시 정승들과 의논하여 아뢰어라." _성종 11년(1480) 4월 24일

황효원의 읍소, 소근조이는 처입니다

상산군 황효원이 상소를 올렸다.

"이유기가 죄를 지었으므로 그 딸을 신에게 종으로 주셨는데, 신은 그 딸을 그 외할머니의 집에 그대로 머무르게 하였습니다. 당시 신은 홀아비로 있으면서 배우자를 구하고 있었는데, 모두들 늙었다고 응하지 않았습니다. 신의 어미가 그것을 한스러워하여 그 외할머니에게 매파를 보냈고, 드디어 혼례를 치렀습니다. 그러다 이씨가 천은天恩을 입어 노비의 신분을 벗게 되었고, 더 이상 거리낄 것이 없게 된 지 오래입니다.

천한 여자도 공신에게 시집가서 천한 신분을 면하게 되는 경우

가 많습니다. 그런데 신의 처만 오히려 처에서 첩으로 강등되니, 신은 진심으로 불쌍합니다. 옛사람이 말하기를 '선함을 칭찬하는 것은 길게 하고, 악함을 미워하는 것은 짧게 한다'라고 하였습니다. 또 조상의 일에 연루되는 것도 친손에게 해당하지 외손에게는 해당하지 않습니다. 황보인계유정난의 역적과 박팽년사육신의 외손주들은 높은 벼슬에 올라 영예를 누리고 있습니다. 그런데 신의 자녀들은 태어나기도 전에 외조부가 지은 죄 때문에 권문세가의 자손들과 혼인할 수 없게 되었습니다. 일이 매우 곤궁하고 절박합니다. 크게 우러러 전하의 은덕을 바라오니, 신의 자녀가 다시 사람의 무리에 복귀하여 사대부의 집안과 혼인할 수 있도록 허락하여 주십시오. 신의 지극한 소망입니다."

임금이 이 글을 대신들에게 보여 주고 의논하게 했는데, 김국광 등의 의논은 이러하였다.

"옛말에 이르기를 '예를 갖추어 혼인하면 처이고, 예를 갖추지 않고 혼인하면 첩이다'라고 하였습니다. 비록 죄인의 딸이라 할지라도 예를 갖춰 장가들었다면 첩으로 논할 수 없습니다. 하물며 이미 노비에서 방면되었고, 본래 사대부 집안의 딸인데 어찌 처가 되는 데 하자가 있겠습니까? 다만 처음 장가들었을 때 예를 갖춰 혼례를 치렀는지를 세밀하게 조사해 결정하십시오."

임금이 승지와 대간들에게 의논하게 하였는데, 김승경 등의 의논은 이러하였다.

"이유기의 딸이 노비에서 방면된 이후에 장가들었다고 하더라도, 공신이 역적의 딸을 처로 삼은 것 자체가 이미 옳지 않습니다. 하물며 아직 노비로 있을 때에 장가들었다고 하니, 어찌 주인으로서 노비와 혼례를 치렀겠습니까? 도리를 거스르고 인륜을 어지럽힌 것이 이보다 심할 수 없습니다. 청컨대 첩으로 정하십시오."

임금이 의논한 내용을 승정원에 머물러 두라고 하였다. _ 성종 11년(1480) 6월 12일

첩으로 정하라!

성종이 사헌부에 전교하였다.

"이유기의 딸을 다시 황효원의 첩으로 결정하라." _ 성종 12년(1481) 9월 6일

26년 후, 딸과 사위 덕에 회복한 명예

중종이 의정부에 전교하였다.

"박영문朴永文의 장모이소근조이는 황효원에게 내려진 노비였지만, 본래는 양반의 딸이고 외조모 박씨의 집에서 자랐다. 또 황효원이 예를 갖춰 장가들었기에, 성종께서 대신들과 의논해 그 자식들에게 과거를 볼 수 있게 허락하였다. 박영문 역시 예를 갖춰 그 딸에게 장가들었으니, 그 아내 황씨를 정실부인으로 결정한다." _ 중종 2년(1507) 2월 1일

7-6. 문종의 외동딸, 경혜공주

남편을 따라 유배지로 간 공주

임금이 의금부에 전지하였다.

"정종의 처경혜공주가 남편의 유배지인 광주로 내려갈 때는 가마轎子를 사용해 교대로 바꿔 메고 가게 하라." _ 세조 2년(1456) 6월 27일

단종의 죽음, 그리고 가혹한 감금

의금부에서 아뢰었다.

"유배지에 있는 이영, 이어, 이전 그리고 정종의 거처를 다음과 같이 통제하십시오.

하나, 담장 밖으로 짧은 나무를 비스듬히 박아 울타리 모양의 목책을 세우십시오.

하나, 바깥 대문은 항상 자물쇠로 잠그고, 양식거리는 10일에 한 번씩 지급하십시오. 또 담 안에 우물을 파서 외부인과 소통할 필요가 없게 하십시오.

하나, 처소에 왕래하며 소통하거나 물건을 들여보내는 자는 불충한 무리로 처벌하십시오.

하나, 수령에게 불시에 검문하게 하고, 문을 지키는 자가 규정을 어기면 법에 따라 처결하십시오."

임금이 그대로 따랐다. _세조 3년(1457) 11월 18일

감금 5년, 정종의 수상한 행적

전라도 관찰사 함우치咸禹治가 급하게 서면으로 보고하였다.

"광주에 안치되어 있는 정종이 이번 달 19일에 집을 지키는 군졸을 불러 말하였습니다. '내가 지금 21일째 금식을 하며 좌선을 해서 이미 성불을 했다. 사리舍利: 부처님의 유골가 나타나 방안에 향기가 가득하고, 상서로운 기운이 하늘까지 이어졌다. 만약 이 일을 임금께 아뢰는 일이 지체된다면, 이 마을 사람들을 모두 다 죽이겠다.' 그러면서 정종은 몸을 떨쳐 펄쩍 뛰어오르기도 하고, 문과 담을 발로 차기도 하며, 망령되이 미친 말을 했습니다. 지키는 군졸들이 주변을 살펴보니 바깥 문 위쪽으로 사람의 흔적이 있었습니다. 이에 즉시 집을 뒤졌고, 성탄性坦이란 중을 잡아서 단단히 가두었습니다. 아울러 집을 지켰던 군졸과 일에 간여한 자들도 모두 가두었습니다. 정종이 가지고 있던 불경을 베낀 종이 한 장을 보냅니다. 정종이 담을 넘어 외부인을 불러들인 정황을 보면, 잡인들과 서로 통한 것이 어제오늘 일이 아닙니다. 그 죄악이 심히 무겁

습니다. 광주 목사 유곡柳轂은 이런 행위를 조금도 단속하지 않았으니 청컨대 의금부에 내려 함께 가두고 국문하십시오."

임금이 의금부 진무 이번李蕃에게 정종, 유곡, 성탄, 그리고 이 일에 관여된 자들을 잡아 오게 하였다. _세조 7년(1461) 7월 26일

임금이 좌의정 신숙주와 우승지 홍응을 불러 정종 등의 죄를 결정하게 하였다. 정종을 비롯한 5명은 능지처참에 처하고, 1명은 참형목을 베어 죽임에 처하고, 1명은 교형목을 매어 죽임에 처하고, 유곡도 기훼제서율棄毁制書律: 임금이나 세자가 조서로 내린 명령을 어긴 죄로 마땅히 죽여야 한다고 하였다. 임금이 말하였다.

"유곡은 사리를 알 만한 관원인데도 태만하게 죄인들을 검거하지 않았다. 그 죄가 죽어 마땅하다. 그러나 일에 간여한 실정이 없으니 특별히 사형은 면하게 한다. 대신 전 가족을 영구히 춘천의 관노가 되게 하라." _세조 7년(1461) 10월 20일

연좌를 피하는 길, 세조의 그늘로 들어가다

임금이 환관 임용을 광주로 보내 정종의 아내경혜공주를 데리고 오게 하였다. _세조 7년(1461) 10월 23일

임금이 정종의 친척을 연좌하지 말라고 명하였다. 사헌부에서 아뢰었다.

"정종의 죄가 너무 무거워서 연좌하지 않을 수 없습니다."

사헌부에서 여러 번 청했지만 끝내 윤허하지 않았다. _ 세조 7년(1461) 11월 4일

임금이 형조에 전지하였다.

"이번 가을부터는 규정에 따라 경혜공주에게 품계에 맞는 녹봉을 지급하라." _ 세조 8년(1462) 7월 19일

예종이 경혜공주에게 황금 2정丁과 백금 6정을 돌려주라고 명하였다. 경혜공주는 문종의 딸로 영양위 정종에게 시집갔는데, 정종이 능지처참됐을 때 그 집과 재산을 모두 몰수당했다. 후에 세조가 공주를 불쌍히 여겨 좋은 저택 한 채와 몰수한 재산, 그리고 노비를 돌려주었다. 그때 진귀한 보물만은 돌려주지 않았는데 이때 모두 돌려주었다. _ 예종 1년(1469) 4월 10일

종친의 지위를 되찾은 경혜공주의 아들

예종이 전교하였다.

"내가 지난번에 세조를 모시고 있었는데 세조께서 전교하시길 '경혜공주의 아들은 역적의 아들로 논해서는 안 된다'라고 하셨다. 내가 즉시 그 말을 적어 두었는데 지금 『승정원일기』를 찾아보니 그때의 유훈이 기록돼 있다. 마땅히 종친의 예로 관직을 주고자

한다."

한명회 및 승지가 아뢰었다.

"정종의 죄는 종묘사직에 관계된 일입니다. 그의 아들이 목숨을 보존한 것만도 다행인데 가벼이 용서할 수는 없습니다. 또 태종께 죄를 지은 자는 세종도 끝내 등용하지 않으셨습니다. 정종이 세조께 죄를 지었으니, 그 아들을 종친의 예로 등용하는 것은 옳지 않습니다."

임금이 전교하였다.

"내가 직접 세조의 명을 받았으니 그를 등용하지 않을 수 없다."

임금이 마침내 이조와 병조에 명하였다.

"경혜공주의 아들에게 종친의 예에 따라 관직을 내리라." _ 예종 1년(1469) 4월 12일

공주로 태어나 비구니로 죽다

경혜공주가 졸하였다. _ 성종 4년(1473) 12월 30일

성종이 호조에 전지하여 경혜공주에게 부의로 쌀과 콩 70석, 면포 50필, 종이 1백 권, 석회 60석, 초에 쓸 밀랍 30근을 내려주었다.

사관은 논한다.

"처음 정종이 죽임을 당했을 때 공주는 머리를 깎고 여승이 되

어 매우 가난하였다. 세조가 이를 불쌍히 여겨 그 노비를 돌려 주고, 내수사에 명해 저택을 지어 주었다. 그 아들 정미수는 나이가 16세인데, 공주의 병이 위독해지자 약과 음식을 반드시 먼저 맛보고, 옷의 띠를 풀고 편히 앉지 않았다. 심지어 똥을 맛보면서 공주의 병후를 살폈다." _ **성종 5년(1474) 1월 1일**

궁궐에서 곱게 자란 경혜공주의 아들

지중추부사 정미수*가 사직했는데 연산군이 들어주지 않았다.

사관은 논한다.

"정미수는 문종의 외손주로서 궁중에서 자라나 호화와 사치가 습성이 되었기에 그 개인에게 크게 책임을 물을 수는 없다. 선비를 사랑하는 마음을 가졌고, 의론이 높고 공정하여, 갑자사화 때 제법 사람을 구하는 데 힘썼다." _ **연산 8년(1502) 7월 14일**

* 정미수(鄭眉壽): 정종이 유배생활을 하는 동안 낳은 아들로, 세조 2년(1456년)에 태어났다. 항간에는 정희왕후가 정미수를 살리기 위해 궁궐에서 여장을 시켜 키웠다는 말이 있었다. 사실은 아니지만, 실제로 정미수는 세조 곁에서 정희왕후의 보살핌을 받으며 컸다. '정미수의 신도비명'에 따르면, 정종이 죽었을 때 정미수는 일곱 살이었고, 그 단아한 모습을 본 세조가 자신의 손자인 자을산군(성종, 당시 6세)을 곁에서 모시게 했다고 한다. 이후 정미수는 사헌부 장령, 한성부 판윤, 도승지를 두루 거쳤고, 중종 7년(1512년) 57세의 나이로 사망한다.

八·

13개월의 짧은 재위, 예종

8-1. 세조 승하 하루 전의 즉위

세조가 수강궁壽康宮: 현 창경궁 자리에 있던 고려 때 궁궐으로 거처를 옮겼는데 병이 점점 위중해졌다. 세조가 예조 판서 임원준을 불러 전교하였다.

"내가 세자에게 전위하려고 하니 모든 일을 준비하라."

임원준이 나가서 하동군 정인지, 고령군 신숙주, 상당군 한명회 등에게 어명을 전했다. 정인지 등이 말하였다.

"전하의 병환이 점점 좋아져 거의 다 나아가는데, 어찌 갑자기 왕위를 내려놓으려 하십니까? 신들은 불가한 일이라고 생각합니다."

임원준이 이 말을 그대로 세조께 아뢰니, 세조가 노하여 말하였다.

"운運이 다하면 영웅도 마음대로 할 수 없는 법이다. 너희들이 내가 하고자 하는 뜻을 어기려고 하니, 이는 내가 죽기를 재촉하는 것이다."

세조가 내시를 불러 면류관과 곤룡포를 가져오게 해서 몸소 세자에게 내려 주었다. 세자는 완강하게 사양했지만 뜻을 이룰 수 없었다. 예조 판서 임원준은 임금의 뜻을 돌이킬 수 없다는 것을 알고 밖으로 나가 대신들에게 알렸다. 그리고 조정의 모든 관리들을 불러 즉위식을 준비하였다.

날이 저물자 세자가 수강궁 중문에서 즉위하였다. 조정의 모든 관리들이 하례하였고, 나라에 사면령을 내렸다. _ **예종 즉위년(1468) 9월 7일**

8-2. 아버지 묘호를 세조로 고집하다

서둘러 시호를 올리고 싶다

임금이 영성군 최항崔恒과 도승지 권감에게 전교하였다.

"선왕께 미처 존호尊號: 재위 중인 왕의 공덕을 기리는 칭호를 올리지 못했는데 갑자기 승하하셨다. 추모하는 마음이 한이 없어 지금 서둘러 시호諡號: 죽은 사람의 공덕을 기리는 칭호를 올리고자 한다. 옛 제도에는 선왕이 돌아가시면 달을 넘긴 후에야 시호를 정하였다. 이는 달이 지나기 전에는 아직 어버이가 죽었다고 여기지 않기 때문이다. 그러나 이미 염을 하고 빈소를 차렸으니 지금 다시 무슨 말을 하겠는가? 서둘러 시호를 올리는 것이 대비마마와 나의 지극한 소원이다."

최항이 대답하였다.

"마땅히 옛 제도를 상고하셔야 합니다."

임금이 전교하였다.

"서둘러 의정부 당상과 전직 정승들, 그리고 육조 참판 이상의 대신들을 불러 논의하라."

아버지의 시호를 '세조'로 고집하다

대신들이 의논해 아뢰었다.

"묘호廟號: 종묘에 신위를 모실 때 올리는 호는 신종神宗, 예종睿宗, 성종聖宗 중에서 하고, 시호諡號는 열문영무신성인효烈文英武神聖仁孝로 하며, 혼전魂殿: 종묘에 모시기 전까지 신위를 안치하는 곳은 영창永昌, 장경長慶, 창경昌慶 중에서 하고, 능호陵號: 왕릉의 이름는 경릉景陵, 창릉昌陵, 정릉靖陵 중에서 하십시오."

임금이 권감을 시켜 대신들에게 물었다.

"'승천체도'承天體道 네 글자는 선왕께서 본래 쓰시던 존호이다. 처음에는 이 네 글자를 그대로 쓴다고 하더니 이제 와 모두 삭제하였다. 이는 나를 농락하는 일이다. 지난번에 내가 한계희에게 글자 수를 제한하지 말라고 하였다. 그런데 지금 여덟 글자로 제한했으니, 내가 어리다고 여겨서 이러는 것인가?"

예종의 명에 주변이 엄숙해져서 아무도 대답할 수 없었다. 좌의정 박원형이 아뢰었다.

"승천체도 네 글자가 상황에 맞지 않는 것 같아 신이 의논하여 없앴습니다."

임금이 다시 말하였다.

"선왕께서 나라를 다시 세우신 공덕을 이 나라의 백성이라면 누가 알지 못하겠는가? 묘호를 '세조'世祖라고 칭할 수는 없겠는가?"

하동군 정인지가 말하였다.

"여덟 글자로 한 것은 신들이 마음대로 제한한 것이 아닙니다. 우리나라 선왕들의 시호는 모두 네 글자, 여섯 글자, 여덟 글자에 그쳤기 때문에, 이를 따라서 의논한 것입니다. '세조'는 우리 조종에 '세종'世宗이 있어서 감히 의논하지 못했습니다."

임금이 말하였다.

"중국 한漢나라에는 이미 세조가 있었는데도 다시 세종을 시호로 썼다. 지금 세조로 칭하는 것에 무슨 거리낌이 있겠는가?"

모두 말하였다.

"신들의 생각이 거기까지 미치지 못했습니다. 한계희는 여러 번 신들에게 '어찌 여덟 글자로 제한하는가?'라고 하였습니다. 그러나 그것이 어명이라고는 말하지 않아서 전하의 뜻임을 알지 못했습니다. 청컨대 벌을 내려 주십시오."

한계희도 말하였다.

"신이 미처 전하의 뜻임을 명백하게 알리지 않았습니다. 신 또한 죄인으로서 처분을 기다리겠습니다."

한참 있다가 임금이 내관에게 명해 술을 내리고, 다시 시호를 의논해 고쳐서 아뢰라고 하였다. 이에 시호를 '승천체도지덕융공열문영무성신명예인효대왕'承天體道至德隆功烈文英武聖神明睿仁孝大王

이라 하고, 묘호는 '세조'로 하였다. 권감이 이를 아뢰니 임금이 말하였다.

"인효 앞에 의숙懿肅이란 글자를 더 넣고, 능호는 '태릉'泰陵으로, 전호殿號: 혼전의 이름는 '영창'永昌으로 하라." _ 예종 즉위년(1468) 9월 24일

이튿날 신숙주가 나가서 여러 대신들과 의논하여, 능은 '광릉'光陵으로 하고, 시호는 '승천체도열문영무지덕융공성신명예의숙인효'承天體道烈文英武至德隆功聖神明睿懿肅仁孝로 하였다.

임금이 전교하였다.

"좋다." _ 예종 즉위년(1468) 9월 25일

8-3. 새 시대를 준비하는 예종

명나라의 장성 축조에 대비하라

임금이 도승지 권감에게 말하였다.

"지금 명나라가 요동에 쌓는 장성이 우리나라 국경에까지 이르렀다. 비록 우리나라를 겨냥해 설치한 것인지 알 수는 없지만, 만약에 변고가 생기면 마땅히 도읍을 개성이나 평양으로 옮겨 국경을 방비해야 할 것이다. 경들은 그리 알라."

이때 평양 부윤 이덕량李德良이 서울에 와 있었는데 임금이 이덕량을 불러 말하였다.

"세조께서 평양으로 순행하셨을 때 궁궐터를 점지해 두셨다. 나 또한 평양으로 순행해 불상사에 대비하고자 한다. 그렇다고 갑자기 천도하려는 것은 아니다. 경은 미리 알고 있으라." _ 예종 1년 (1469) 6월 26일

천하도를 검토하게 하다

천하도天下圖: 세계 지도가 완성되었다. 임금이 이를 내보이며 여러 대신들에게 말하였다.

"경들이 명나라에 사신으로 다녀왔으니 그곳의 산천을 속속들이 알 것이다. 이 지도를 보고 그 형세를 살피도록 하라."

한명회가 아뢰었다.

"황해도 극성棘城: 황해도 황주의 성은 진실로 요충지입니다. 성을 쌓아서 예상치 못한 재난에 대비하십시오."

또 벽동碧潼: 압록강 연변의 고을을 가리키며 말하였다.

"여기가 중국이 장성을 쌓는 경계입니다. 청컨대 사람을 보내 장성을 쌓는 곳을 살펴보게 하고 그 형세에 따라 방비하십시오."

임금이 그대로 따르고, 곧 이순숙李淳叔을 평안도 경차관으로, 이극배를 황해도 체찰사로 삼았다. _ 예종 1년(1469) 6월 21일

대납을 금지하라

임금이 승정원과 호조에 글을 내렸다.

"대납代納*은 백성들에게 매우 해롭다. 이제부터 대납을 하는 자는 공신, 종친, 대신이라 할지라도 모두 극형에 처하고 관에서 재

* 세조 대에는 백성이 직접 공물을 납부하는 대신, 납공자(納貢者)가 먼저 국가에 공물을 납부하고 백성들에게 그 값을 징수하는 대납(代納)제도가 정착했다.

산을 몰수할 것이다. 비록 나랏일을 집행하느라 법을 어겼더라도 반드시 죄를 묻겠다."

도승지 권감이 아뢰었다.

"대납이 백성에게 해로운 것은 공사公私가 다르지 않습니다. 관청에서 시행하는 대납도 함께 금하시길 청합니다."

임금이 그대로 따랐다. _ 예종 즉위년(1468) 10월 16일

8-4. 사초도 고치게 한 원상의 위세

아버지의 공신, 원상들*

고령군 신숙주, 상당군 한명회, 능성군 구치관, 좌의정 박원형, 영성군 최항, 인산군 홍윤성, 창녕군 조석문, 우의정 김질, 좌찬성 김국광 등을 원상院相으로 삼았다. 날마다 원상들이 궁궐 승정원에 나와서 모든 정무를 의논해 결정하도록 명하였다. _ 예종 즉위년(1468) 9월 21일

원상들, 세조실록을 편찬하다

임금이 춘추관 실록청에 술을 내려 주었다. 이에 앞서 신숙주, 한

* 원상(院相)은 국왕이 정상적인 국정 수행이 어려울 때 재상들로 하여금 국정을 의논하게 하던 임시 관직이다. 세조 13년 처음 설치했는데, 죽기 직전 예종을 위해 확대 편성했다. 원상들은 자신의 관직을 유지한 채 원상직을 겸직했으며, 막강한 권세를 가졌다. 예종이 즉위한 후 원상은 모두 4번으로 나뉘어 대궐에 상주했다. 원상 제도는 이후 성종 7년까지 이어진다.

명회, 최항 등이 왕명을 받들어 양성지, 이승소, 정난종 등과 함께 『세조실록』을 편찬하게 되었다. 뒤에 강희맹도 함께하라고 명하였다. _ 예종 1년(1469) 4월 1일

사초 실명제, 두려운 민수

춘추관에서 『세조실록』을 편찬하면서 사초史草*를 거두어들였다. 이때 어떤 사람이 말하기를, "만약 사초에 담당 사관의 이름을 쓴다면 반드시 정직하게 쓰지 못할 것이다"라고 하였다. 그러나 또 어떤 사람은 "사초에는 예전부터 이름을 써 왔으니 지금도 쓰지 않을 수 없다"라고 말하였다.

봉상첨정 민수閔粹는 사초를 쓰면서 조정 대신들의 잘한 점과 잘못한 점을 많이 적어 두었다. 이때 이름을 써야 한다는 말을 듣고 민수는 두렵고 꺼림직한 마음이 들었다. 이에 기사관춘추관의 관리 강치성康致誠에게 부탁해 몰래 자신의 사초를 내어다가 지우고 고쳤다. 그런데 또 다른 기사관 최철관이 민수가 양성지에 대한 기록을 고쳐 쓰는 것을 보았고, 기사관 양수사에게 말하였다.

"만일 이 일이 발각되면 우리 모두 죄에서 벗어날 수 없을 것이다."

* 사관 혹은 관청에서 기록해 둔 자료들. 임금 사후 실록청이 설치되면 각 관청 및 사관이 개인적으로 보관하고 있는 사초를 모았다.

이에 양수사가 수찬관 이영은에게 은밀히 고하였다. 이영은이 매우 놀라 여러 동료들과 함께 민수의 사초를 조사했더니 고친 것이 모두 여섯 가지였다.

한명회의 사초를 고치다

한명회와 최항, 그리고 수찬관들이 임금께 보고하고 민수가 고친 사초를 모두 적어서 아뢰었다.

"나라의 역사는 만세萬世에 전하는 공론인데 민수가 사초를 몰래 내어다가 고쳤습니다. 국문하기를 청합니다."

임금이 의금부에 명해 민수를 잡아 오게 하였다. 한명회가 아뢰었다.

"민수가 처음에 사초에 쓰기를, '한명회가 함길도에서 강효문과 함께 반역을 도모하였다'**라고 했다가 삭제했습니다. 아직 거두지 못한 사초가 많은데, 이후에도 이런 자가 또 있을까 두렵습니다. 당사자인 신이 춘추관에 있는 것은 마땅치 않습니다."

임금이 말하였다.

"그때의 일은 세조께서 매우 상세히 말씀하셔서 내가 승정원 일기에 써 두었다. 그대에게 의심할 바가 없음은 분명하다."

** 이시애의 난 때 이시애가 한명회와 신숙주가 강효문과 함께 반역을 꾀했다고 무고한 일을 가리킨다.

양성지의 사초도 고치다

임금이 경복궁 비현합에 나아가 대신과 승지들을 불렀다. 또 환관 이존명 등에게 명해 민수의 집을 수색하게 하였다. 그 집에 종이를 태운 재가 있어서 이존명이 임금께 보고하였다. 민수를 궁정으로 붙잡아 오게 하고 임금이 물었다.

"네가 사초를 고치고 삭제했느냐?"

민수가 대답하였다.

"그렇습니다."

"누구에게 사초를 빼내 오라 하였느냐?"

"신이 강치성에게 부탁해 빼냈습니다."

"네가 고치고 지운 것은 어떤 일인가?"

민수가 하나하나 진술하고, 또 말하였다.

"지운 일들은 당시 신이 지방으로 출장을 갔다가 듣고 쓴 것입니다. 이제 와 생각해 보니, 역사란 만세에 전해지는 글인데 전해 들은 얘기를 함부로 기록하는 것은 옳지 않은 것 같아서 고치고 지웠습니다."

"너는 어찌하여 처음에 전해 들은 이야기를 썼는가? 임금의 일도 또한 전해 듣고서 쓸 것인가?"

민수가 머리를 조아리며 사죄하였다.

"신이 본래 딴마음을 품지 않아서 보통 사람에 대해서도 거짓된 말을 하지 않습니다. 하물며 임금의 일에 관한 것은 어떻겠습니까? 단지 사초를 바칠 기한이 촉박해 미처 다듬고 고치지 못했습니다."

임금이 전교하였다.

"네가 고치고 삭제한 데는 분명 이유가 있을 것이다. 그것을 모두 말하여라."

"양성지가 지금 춘추관실록 담당 부서에 있어서 신이 두려워 양성지에 대한 것을 고쳤습니다."

사초의 초고는 태웠습니다

임금이 민수를 밖으로 내보내고 내전으로 들어갔다. 임금이 한명회에게 남은 일을 국문하게 했는데, 한명회가 공초 내용을 임금께 아뢰었다. 임금이 전교하였다.

"민수의 사초는 단지 삭제하고 고쳤을 뿐 아니라 태운 흔적도 있다. 그것을 모두 다 물으라."

민수가 대답하였다.

"사초는 경준慶俊·박양朴良 등에게 자료를 빌려서 잘못된 곳은 지우고 빠진 곳은 써넣어 책으로 만들었습니다. 춘추관에 사초를 납부하고서 그 초고는 즉시 불태웠습니다."

속마음을 그대로 진술하다

앞서 의금부에서 잡으러 오자 민수의 마음이 매우 급해졌다. 게다가 임금이 직접 추국하자 민수가 몹시 놀라고 당황해 감히 사정을 변명하지 못했다. 민수가 감옥에 갇혔는데, 임금이 자못 강경해 처벌을 면하지 못하리라 생각해 자결하려 하였다. 그러나 집안사람들이 말려 그만두었다. _ 예종 1년(1469) 4월 24일

재상들이 두려워 고쳤습니다

이튿날 다시 민수에게 물으니, 민수가 말하였다.

"사초를 처음에 올바르게 썼는데 고치고 지운 것은 진실로 재상들이 두려워서였습니다."

임금이 전교하였다.

"어찌 유독 이들 재상뿐이겠는가? 그 외에 두려워한 재상들을 모두 물어서 기록해 아뢰어라."

민수가 말하였다.

"재상이라면 누군들 가벼이 여기겠습니까. 그러나 그 외에 더 두려워한 사람은 없습니다."

"어찌 더 두려워한 사람이 없겠느냐? 민수가 뭔가 숨기는 것 같으니 곤장을 때려서 물으라."

이에 곤장 10여 대를 때리니 민수가 말하였다.

"신이 두려워한 재상은 정인지, 정창손, 김질, 윤자운, 노사신, 한계미, 임원준, 홍응, 이극증, 서거정, 강희맹, 한계희, 구치관, 성봉조, 성임, 이석형, 유자광, 어유소, 권맹희, 정효상, 한계순, 윤계

겸, 김겸광, 이세겸, 어세공, 정난종, 오백창입니다." _ 예종 1년(1469)

4월 25일

8-5. 흉흉한 민심, 흔들리는 왕권

예종이 죽고 영순군이 왕이 될 것이다

갑사甲士: 직업군인 김계동金繼童이 갑사 이말중李末中 등을 유언비어 유포죄로 고발하였다. 임금이 환관 안중경을 시켜 김계동이 말한 것을 받아쓰게 하고, 이내 군관을 시켜 김계동을 경복궁 후원에 가두어 놓고 지키게 했다. 또 승정원에 명해 이말중을 체포하게 하고, 군사를 보내 함께 얘기한 이양보, 장소옥, 고맹달 등을 잡아 오게 하였다. 또 군관들에게 명해 궁궐의 네 개 문을 단단히 지키게 하였다.

임금이 충순당에 나아가니 모든 재상과 승지들이 입시하였다. 갑사 김계동에게 물으니 대답하였다.

"신이 갑사 이말중, 이양보, 장소옥, 고맹달 등과 함께 이달 7일에 창덕궁 내 병조의 옆문에서 숙직했습니다. 그날 밤 이말중이 다른 곳에 갔다가 돌아와 신들과 이야기를 나누었는데, 때마침 까치 한 마리가 후원에서 울었습니다. 이말중이 그것을 듣고 말하기를, '이상하구나, 까치가 밤에 울면 집주인이 죽는다는데'라고 하였습니다. 이양보가 묻기를, '지금 창덕궁은 비어 있는데* 주인은 누구를 말하는 것인가?'라고 하니, 이말중이 대답했습니다. '이 집의 주인은 전하이시다. 두고 보아라. 주상이 장차 위태로워질 것이다.' 이양보가 묻기를 '무슨 말인가?' 하니, 이말중이 대답했습니다. '선왕세조이 대대로 전해 오던 과전법을 혁파하고, 귀천을 가리지 않고 모두 군적에 올렸다. 그 때문에 백성의 원망이 지극히 깊어 51세에 승하한 것이다. 지금 주상이라고 어찌 오래가겠는가?' 그러자 이양보가 묻기를 '그러면 장차 누가 임금의 자리에 오르겠는가?'라고 하였습니다. 이말중이 대답하기를, '어찌 사람이 없겠는가? 영순군광평대군의 아들 이부이 나라를 차지할 것이다'라고 하였습니다."

이들을 잡으러 갔던 선전관들이 말하였다.

"김계동이 말한 것이 전부가 아닙니다. 저희에게 했던 말을 전하께 모두 아뢰지 않고 있습니다."

임금이 그게 무슨 말인지 물었는데, 김계동이 머뭇거리며 대답하지 않았다. 여러 번 다그친 연후에야 대답했는데, 그 말이 부도하여 차마 들을 수가 없었다. _ **예종 1년(1469) 10월 13일**

* 당시 예종은 지금 창경궁 자리에 있던 수강궁에 거처했다.

이 일로 김계동은 한 자급資級 승진시키고, 이말중과 이양보 등은 능지처사에 처하고, 장소옥·고맹달 등은 목을 베었다. _ 예종 1년(1469) 10월 15일

귀성군*이 왕이 될 것이다

성주경상도 사람인 별시위 이예경李禮敬이 승정원에 고하였다.

"신이 성주의 주요 산들을 관장하고 있습니다. 성주 북쪽에 샘이 있는 수풀이 있는데 거의 20여 결은 됩니다. 그런데 임영대군귀성군의 아버지의 하인 전중생이 이 땅을 개간하고 있기에, 신이 생원 이명생李明生, 별시위 김맹온金孟溫과 함께 성주 관아에 고발했습니다. 그러자 관아에서 관찰사에게 보고했고, 법에 의거해 경작을 금지하고 그 경작권을 관에서 몰수했습니다. 그런데 지난 5월 21일, 신이 전중생을 만났습니다. 그가 말하기를 '장차 신하가 될 자가 어찌 우리 대군에게 그리 야박하게 구는가?'라고 하였습니다. 이에 신이 물었습니다. '내가 별시위에 있은 지 28년이고, 이미 지

* 귀성군(龜城君) 이준(李浚): 세종의 넷째아들인 임영대군의 아들이다. 세조가 특별히 아껴 이시애의 난을 토벌하는 데 대장으로 삼았고, 영의정에 제수했다. 외모와 인품이 훌륭해 세조의 후궁 덕중이 연애편지를 쓰기도 했다. 예종이 즉위한 이후에는 귀성군 이준이 왕재라는 소문이 돌았고, 이를 빌미로 신숙주 등이 이준의 제거를 요구했다. 전중생 사건으로 위기에 처했지만, 예종은 이준에게 죄를 묻지 않았고, 수감됐던 노비들도 사면령을 내려 모두 방면됐다. 그러나 성종 즉위 후 다시 귀성군 이준에 대한 소문이 돌았고, 결국 성종 10년 유배지에서 사망한다.

위가 정4품에 이르렀다. 무슨 연유로 장차 신하가 될 것이라고 말하는가?' 전중생이 말하기를, '이와 같이 말하는 데는 깊은 뜻이 있다'라고 하였습니다. 적산사積山寺의 중 성의性義와 아전 극선克善도 이 말을 함께 들었습니다."

임금이 성의와 극선을 대질하게 하였다. _ 예종 1년(1469) 6월 13일

고령군 신숙주, 영의정 한명회, 좌부승지 한계순 등에게 의금부에 가서 전중생을 국문하라고 명하였다. 임금이 좌부승지 한계순에게 말하였다.

"가서 국문하고 사람을 시켜 아뢰어라. 내가 마땅히 처리하겠다."

신숙주 등이 사람을 보내 임금께 아뢰었다.

"신이 전중생에게 물었습니다. '네가 이예경에게 〈장차 신하가 될 것이다〉라고 말하였고, 어제는 또 〈우리 주인 댁은 한때의 우연한 가문이 아니다〉라고 하였다는데, 이게 무슨 뜻인가?' 그리고 전중생에게 장 7대를 때리니 대답하였습니다. '귀성군이 조정에서 정사를 맡고 있기에 그렇게 말한 것입니다.' 그러나 전중생이 실정을 분명하게 말한 것 같지는 않습니다."

마침내 임금이 의금부에 전지하였다.

"전중생을 능지처참해서 그 머리를 3일간 매달아 두어라. 재산을 몰수하고 반역죄에 의거해 처리하라."

또 승정원에 전교하였다.

"세조께서 귀성군 이준에게 이시애의 난을 진압하게 하시는 등 여러 일을 맡기며 특별히 사랑하셨다. 그런데 지금 전중생의 말이 이와 같으니, 반드시 함께 말한 자가 있을 것이다. 귀성군 밑에서 일하는 자들을 승정원에 붙잡아 와 물어라."

또 전교하였다.

"만약 귀성군이 죄를 지었다면, 세조께서 늘 아끼셨다고 해도 어찌 내버려 두고 묻지 않을 수 있겠는가?" _예종 1년(1469) 8월 12일

임금이 어리고 약하다는 소문

연천 사람 신명도辛明道의 아들 신순인辛順仁과 성기成奇 등이 지금의 임금이 어리고 약하다는 유언비어를 퍼뜨렸다. 이에 의금부에 가두고 국문하라고 명하였는데, 이는 관찰사가 보고한 것에 따른 것이다. _예종 1년(1469) 3월 16일

8-6. 대신들에게 청탁하는 이를 잡아들이라!

청탁하면 극형에 처하리라

임금이 승정원, 이조, 병조, 사헌부에 전지하였다.

"관리들의 임명과 파직은 나라의 큰 권한이다. 하여 사적인 인연에 따라 공적인 것이 가려져서는 안 된다. 생각해 보니 지금은 정치를 시작하는 초기라 세력가에게 청탁하여 분수에 맞지 않는 관직을 받는 자가 있을 것이다. 이제부터 대사헌과 사헌부 관리 1인은, 관리들의 인사를 논의하는 자리에 참석하고, 군사를 거느리고 조정 안팎의 소란을 단속하라. 만약 마음대로 조정 관리의 집에 드나드는 사람을 발견하면, 비록 종친이나 공신이라 하더라도 즉시 형구를 채워 체포한 후에 보고하라. 만약에 숨기고 보고하지 않는 것이 있다면 일족을 모두 죽이겠다."

우의정 김질과 영의정 이준이 의논해 아뢰었다.

"일족을 모두 죽이는 것은 지나칩니다."

이에 임금이 전지를 도로 거두어 "극형에 처한다"로 고쳤다. _예

종 즉위년(1468) 10월 4일

대대적인 적발

임금이 선전관을 종친과 대신들의 집에 보내, 권세가의 집에 드나들며 벼슬을 청탁하는 분경奔競을 적발하게 하였다. 이에 신숙주의 집에서 함길도 관찰사 박서창이 보낸 김미金美를, 우의정 김질의 집에서 경상도 관찰사 김겸광이 보낸 상주의 경저인京邸人: 서울에 머무르며 지방 관청의 사무를 처리하는 사람 주산周山을, 귀성군 이준의 집에서 영유평안도 평원의 관노 내은달을, 병조 판서 박중선의 집에서 양인 김산을, 이조 판서 성임의 집에서 여인 소비를 잡았다. 이를 보고하니 임금이 전교하였다.

"분경을 금지하지 못한 것은 사헌부의 책임이다."

이에 사헌부 지평 최경지를 의금부에 가두라 명하였다. 신숙주가 대궐에 와서 사죄하며 아뢰었다.

"박서창이 글을 보내 안부를 묻고 표범 가죽 한 장을 보내왔습니다. 신이 물리쳤는데, 그 사람이 미처 나가기 전에 붙잡혔습니다."

임금이 말하였다.

"경에게 무슨 잘못이 있겠는가? 박서창의 잘못이다." _ 예종 즉위년(1468) 10월 19일

직접 문초하는 젊은 임금

임금이 승지 이극중에게 말하였다.

"경도 분경을 금지하는 법을 알고 있는가?"

이극중이 대답하였다.

"세조께서 일찍이 이 법을 엄중하게 하셨습니다."

"내가 즉위한 초기라 권세 있는 집을 찾아가 벼슬을 청탁하는 자들이 많을까 걱정스럽다. 하여 사람을 보내 분경하는 자들을 단속한 지 여러 날이다."

이에 임금이 분경하다 적발된 사람을 불러서 하나하나 앞으로 나오게 하였다.

먼저 신숙주의 집에서 잡힌 김미를 불러 물었다.

"너는 무슨 일로 한양에 왔는가? 권세가의 집 중에 몇 곳에나 뇌물을 주었는가? 네가 온 함길도의 민심은 어떠한가?"

김미가 대답하였다.

"신은 전하께 진상할 물건을 가지고 한양에 왔으며, 단지 관찰사의 서신을 신숙주에게 전했을 뿐입니다. 그 밖에 물건을 보낸 다른 곳은 없습니다. 함길도의 민심은 알지 못합니다."

임금이 말하였다.

"너는 임금이 한 사람인 것을 알 것이고, 진상할 물건은 그 한 사람을 위한 것이다. 그런데 다시 어떤 물건이 있어 권세 있는 집에 보낸단 말인가? 지난해에 함길도의 사람들이 신숙주와 한명회가 역모를 꾀한다고 거짓으로 소문을 냈다. 그리고 대중들을 속여 관찰사와 절도사, 그리고 수령들을 모두 죽였다. 그 때문에 인심이 아직까지 불안함을 너도 알 것이다. 그런데 어찌 다시 이렇게 민심을 흉흉하게 하는가?"

귀성군 이준의 집에서 잡힌 평안도 영유의 관노 내은달에게 물었다.

"네가 무슨 일로 귀성군을 보았는가?"

내은달의 대답이 조금 정직하지 않아서 임금이 노하였다.

이번에는 경상도의 경저인 주산에게 물었다.

"너는 무슨 일로 우의정 김질의 집에 갔는가?"

주산이 대답하였다.

"신은 한양에 머물면서 경상도의 일을 처리하는 경저인입니다."

임금이 말하였다.

"경저인이 어찌 한양에서 관찰사를 따라다녔는가?"

"관례에 따라 관찰사를 수행한 것입니다."

임금이 승지 이극중에게 말하였다.

"무슨 법이 이러한가? 예전에도 이런 예가 있었는가?"

이극중이 말하였다.

"관찰사는 본래 관청에서 내려주는 관노비가 따로 없습니다. 그래서 한양에 올 일이 있으면, 그 지방에서 올라온 경저인들이 번갈아 가면서 수행합니다."

"관찰사는 권세 있는 집안의 사람인데 거느릴 사람이 없어서 하필 경저인을 데리고 다니는가? 앞으로는 금지하라."

임금이 양인 김산에게 물었다.

"너는 누구인데 병조 판서 박중선을 가서 보았느냐?"

김산이 대답하였다.

"저는 칠장이입니다. 신에게 깨진 그릇을 고쳐 달라기에 갔습니다."

"이 일은 일상생활의 일이니 석방하는 게 좋겠다."

임금이 여인 소비에게 물었다.

"네가 이조 판서 성임을 만나서 무슨 일을 청탁했는가?"

"저는 성임의 이웃에 사는 과부의 노비입니다. 주인의 명에 따라 수륙재에 쓸 과일을 빌리러 갔습니다."

"네가 성임을 보았을 때 성임이 무어라고 하던가?"

"문에 도착했을 때 잡혀서 성임을 보지 못했습니다."

임금이 말하였다.

"이 여자는 사정이 딱하니 속히 석방하라."

임금이 김미, 내은달, 주산을 의금부에 가두라 명하였다. _ **예종 즉위년(1468) 10월 19일**

8-7. 너무나 갑작스런 죽음

고질적인 발의 통증

임금에게 족질足疾: 발에 생긴 병이 있었는데 오래도록 낫지 않았다. 이에 목멱산남산, 백악산북악산, 한강, 원각사, 복세암 등에 가서 기도하게 하였고, 도승지 권감은 내불당궁궐 내에 있던 불당에서 기도했다. 신숙주와 한명회가 임금을 문안하고 말하였다.

"족질 때문에 대신들을 만나 볼 수 없다고 하셨는데, 이제 기도를 드려야 할 정도라 하니 놀라고 당황해 몸 둘 바를 모르겠습니다."

임금이 말하였다.

"내가 어려서부터 발에 조금 가려운 데가 있었는데, 추위가 심해지면서 통증이 생기기 시작했다. 그러나 지금은 차츰 나아지고 있다." _ 예종 1년(1469) 1월 6일

갑작스런 병의 악화

임금이 승정원에 전교하였다.

"내가 족질 때문에 오랫동안 정사를 보지 못하였는데 지체된 일은 없는가? 내가 무사들의 활쏘기와 문관들의 재주를 시험하고자 한다. 한나라와 당나라 이래의 고사를 과거 시험 문제로 내려고 하는데, 경들이 생각하기에는 어떠한가?"

승지들이 대답하였다.

"진실로 좋습니다." _ 예종 1년(1469) 11월 18일

임금이 편찮으니 이른 새벽 서평군 한계희, 좌참찬 임원준 등을 입시하게 하였다. _ 예종 1년(1469) 11월 26일

예종의 죽음과 둘째 조카 자을산군(성종)의 즉위

원상 신숙주, 한명회, 구치관 등이 승정원에 모였는데, 환관이 나와서 말하였다.

"승지들은 사정전에 가 계십시오."

이에 승지와 원상들이 모두 사정전으로 갔다.

임금이 진시辰時: 오전 7시~9시에 경복궁 자미당에서 승하하였다. 승전환관 안중경이 대궐 안에서부터 곡을 하며 나와서 대신들에게 알리니, 모든 재상들이 목을 놓아 통곡하였다. 안중경이 대비세조비 정희왕후의 명을 전해 말하기를, '예조 판서는 들어와서 받들어

보아라'라고 하였다. 겸 예조 판서 신숙주가 도승지 권감과 함께 자미당에 들어갔다가 다시 나왔다. 당시 입직했던 도총관 노사신 또한 궁궐로 들어왔다. 이에 여러 재상들이 노사신과 함께 의논해 병사들로 하여금 궁성의 여러 문을 굳게 지키게 하였다.

신숙주가 권감에게 말하였다.

"국가의 대사가 이에 이르렀으니 새 임금을 서둘러 결정하지 않을 수 없다."

권감이 하성군 정현조세조의 사위를 통해 대비께 아뢰었다.

"청컨대 상주喪主를 정해서 나라의 근본을 굳건히 하십시오. 이는 국가의 대사이니 환관을 통해 전달할 수 없습니다. 청컨대 직접 뵙고 아뢰게 해주십시오."

정현조가 대신들의 말을 아뢰고 네 번이나 왕복하면서 말을 전하였다. 이윽고 대비가 강녕전 동북편 방으로 나와 원상과 승지들을 들어오라고 명하였다. 신숙주, 한명회, 권감 등이 들어왔고, 자미당에 있던 한계희, 임원준도 들어왔다. 대비가 슬피 울었다.

조금 지나서 신숙주가 아뢰었다.

"신들은 궐 밖에서 그저 전하의 옥체가 편치 않다고만 들었을 뿐입니다. 일이 이 지경에 이를 줄은 생각지도 못했습니다."

대비가 말하였다.

"주상이 아플 때도 매일 나에게 문안하였소. 그래서 내가 '병이 위중하면 어찌 이와 같이 하겠는가?'라고 생각하며 그다지 염려하지 않았소. 그런데 지금 일이 여기에 이르렀으니 장차 나라를 위해 어떤 계책을 내야겠소?"

대비가 정현조와 권감을 시켜 여러 재상들에게 두루 물었다.

"누가 상주가 될 만하겠소?"

모두 말하였다.

"신 등이 감히 논의할 일이 아닙니다. 원컨대 대비마마의 뜻을 듣고자 합니다."

대비가 정현조를 통해 전교하였다.

"지금 원자예종의 아들, 제안대군는 겨우 네 살이고, 죽은 의경세자의 맏아들 월산군16세은 어려서부터 병이 있었소. 다만 한 사람 의경세자의 둘째아들 자을산군13세이 있는데, 비록 나이는 어리지만 세조께서 일찍이 그 도량을 칭찬하시며 태조대왕에 비교하기도 하셨소. 지금 자을산군을 상주로 삼고자 하는데 어떠하오?"

모두들 말하기를 "진실로 좋습니다"라고 하니, 대비가 그대로 따랐다. 대비가 목이 메도록 슬피 울었다.

신숙주가 대비께 아뢰었다.

"나라의 액운이 이에 이르렀으니 어찌하겠습니까? 엎드려 바라오니 종묘사직을 생각하시어 슬픔을 조금 누르시고 다음 왕을 잘 보호해서 왕업을 이으십시오."

잠시 후 또 아뢰었다.

"외간에서는 보고 듣는 것이 번잡하오니 사정전 후원으로 나가 재상들과 여러 일을 논의하겠습니다."

재상들이 하직하고 사정전 뒤 서쪽 뜰로 나갔다.

신숙주가 최항과 의논해 교서의 초안을 만들었다. 당시에 재상들은 한명회와 권감 등에게 군사 20여 명을 거느리고 가서 자을산군을 사저지금 덕수궁 자리에서 맞아 오려고 하였다. 그러나 자을산군이 이미 궐에 들어왔다가 대비의 부름을 받고 내전으로 들어갔다.

신숙주 등이 대비께 수렴청정을 청하였다. 대비가 전교하였다.

"내가 박복하여 일이 여기에 이르렀소. 하여 심신을 편안하게 하고 나 자신을 수양하려고 하오. 또 나는 문자를 모르오. 수빈성종의 어머니, 인수대비은 문자도 알고 사리도 밝으니 가히 수렴청정을 할 만하오."

신숙주 등이 아뢰었다.

"옛날부터 내려오는 고사가 있고, 또 온 나라 백성들이 대비마마를 소망하고 있습니다."

대비가 재차 사양하자 원상과 승지 등이 글을 올려 굳게 청하였다. 이에 대비가 그대로 따랐다. _ 예종 1년(1469) 11월 28일

九. 세조·예종 시대의 이모저모

9-1. 궁궐 후원의 대보름 풍경

민간에는 정월 대보름에 농사짓고 길쌈하는 모습을 모형*으로 만들어 그해의 풍년을 점치는 풍속이 있었다. 세조는 신사년세조 7년 이래로 이 풍속을 본떠서 궁궐 후원에 여러 모형을 전시하게 하였다. 모형은 쟁기로 밭을 가는 모습, 뽕으로 누에를 기르는 모습, 노인과 아이가 배부르게 먹는 모습, 각종 초목과 짐승의 모습 등 다양하였다. 모형은 모두 대나무로 줄기를 세우고 풀을 엮어서 완성했는데, 각각의 형태가 본래 모습 그대로 표현되지 않은 것이 없었다. _ **세조 9년(1463) 1월 15일**

세조가 충순당에서 대신들을 불러서 보고 함께 후원에 가서 농사

* 정월 대보름에는 음식과 놀이 등 다양한 행사가 열렸는데, 풍년을 비는 놀이가 많았다. 특히 민간에서는 지푸라기 등으로 농사짓는 형상을 만들어 한 해의 농사를 점쳤는데, 세조는 이 풍속을 따라 궁궐 후원에서 농사와 길쌈하는 형상을 만들게 했다. 왕실에서 행한 이 놀이를 가농작(假農作) 혹은 내농작(內農作)이라고 한다.

짓고 길쌈하는 모형내농작(內農作)을 구경하였다.

임금이 최근 몇 년간 승지들을 좌우 두 편으로 나누어 각각 소속된 관리들과 함께 모형 만드는 솜씨를 겨루게 하였다. 이에 승지들은 임금의 총애를 얻고자 여러 모형을 많이 만들려고 했는데, 기한을 정해 놓고 만들기를 몹시 재촉해 담당하는 관리들이 모두 괴로워하였다. 또한 보통 사람이 생각하지 못하는 남다른 것을 만들고자 애를 썼으며, 다른 사람들이 엿보고 따라 할까 두려워 만드는 즉시 숨겨 두었다. 한번은 도승지 노사신이 『이역지』異域志** 에 나오는 독특하고 기이한 형상을 만들었는데, 얼마 지나지 않아 모두 그것을 따라 만들었다. 이에 같은 편이 아니면 아무리 친한 사람이라도 모형을 보여 주지 않았고, 솜씨가 좋은 사람을 서로 자기편으로 삼으려다가 사이가 틀어지기도 했다.

이 해에는 마침 대보름에 환구제가 있어서 임금이 제때에 내농작을 관람하지 못하였다. 또 두 번이나 비바람이 불어 모형이 많이 훼손되었는데, 임금이 이날 후원에 와서 내농작을 관람하였다. 승자에게는 호랑이 가죽과 사슴 가죽을 각각 1장씩 하사하였고, 패자에게는 사슴 가죽을 각각 1장씩 하사하며 벌로 잔치를 열게 하였다. _ 세조 10년(1464) 1월 29일

** 원말명초 주치중(周致中)이 지은 지리서. 익숙지 않은 외국에 대한 정보를 수록했는데 상상으로 지은 내용이 많았다.

9-2. 춤추고 노래하는 한양 거리

장령 김명중이 사헌부의 논의 내용을 임금께 아뢰었다.

"근래에 무속과 불사佛事를 금지하지 않아서, 부녀자들이 장구를 치고 악기를 연주하며 앞장서서 춤추는 행렬을 인도합니다. 또 광대들을 앞세워 놀이판을 벌이면서 백주에 도성 한복판을 활보하면서도 부끄러운 줄 모릅니다. 이런 풍속을 오랫동안 내버려 둘 수는 없습니다. 지금 지방에는 심하게 흉년이 들었으니 술도 금해야 합니다."

임금이 전교하였다.

"부녀자들이 그러고 다니는 게 사실이라면 사헌부에서는 어찌 그것을 금하지 않았는가? 금주령의 경우에도, 일반 백성들은 어쩌다 한 번만 마셔도 먼저 고발을 당하고, 부유하고 권세 있는 자들은 날마다 마시는데도 단속되지 않는다. 이런 법은 시행해도 아무런 이익이 없다." _ 세조 3년(1457) 3월 29일

장령 김명중이 사헌부의 논의를 아뢰었다.

"남녀 7~8명이 술에 취해서 거문고를 타고 노래를 부르며 서로 희롱하고 춤추면서 대궐 앞을 지나갔습니다. 도성 한복판에서 조금도 거리낌이 없기에 신들이 사헌부에 있다가 붙잡아 왔습니다. 청컨대 이들을 국문하게 해주십시오."

임금이 전교하였다.

"무릇 가난하고 비천한 백성들은 근심 걱정이 없으면 노래를 부른다. 어찌 백성들을 힘들게만 하고 즐겁게 놀지는 못하게 하겠는가? 내가 일전에 가난한 백성들이 함께 모여 술 마시는 것을 금하지 말라고 교지를 내렸었다. 그런데 어찌 사헌부에서 함부로 잡아들이고서 이제야 아뢰는가?"

김명중이 아뢰었다.

"전하께 아뢰지 않고 잡아 온 것은 진실로 잘못입니다. 그러나 금년에는 가뭄이 심해 밀과 보리의 이삭이 패지 않았고, 농사도 매우 흉작이라 물가가 치솟고 있습니다. 신들은 금주령이 필요하다고 생각합니다."

의금부에 전지하였다.

"지금 사헌부 장령 김명중이 어명을 어기고 제멋대로 위세를 부리고 있다. 내가 문책하는데도 맞서고 따지면서 조금도 공경하는 마음이 없으니, 그를 잡아다 추국해서 아뢰어라."

이때 나라의 금령이 다소 관대했으므로 춤추고 노래하는 풍속이 성행하였다. 도성의 남녀들이 떼 지어 다니며 술 마시기를 그치지 않았고, 한번 술자리를 베풀면 반드시 풍악을 울리며 해가 저물어서야 파하고 돌아갔다. 남녀가 함께 길거리에서 노래하고 춤추면서 '이것이 태평성대의 즐거운 일'이라고 큰 소리로 떠들었다.

귀한 집 부인들도 또한 이런 풍속을 많이 따라 했다. 크게 장막을 치고 아들·며느리와 함께 한껏 호화롭고 사치스럽게 잔치를 준비하였다. 특히 진달래가 필 때면 이런 일이 더욱 많았는데, 이를 일러 화전놀이煎花飮라고 하였다. _ 세조 3년(1457) 4월 22일

9-3. 백성의 등골을 휘게 한 제주 감귤

제주도 안무사安撫使에게 교지를 내렸다.

"감귤은 종묘의 제사상에 올라가고 나라 안팎의 손님을 대접하므로, 그 쓰임이 매우 중요하다. 하여 감귤 공납을 논의하는 자들이 다음과 같이 말하였다.

'여러 귤 중에서 금귤金橘·유감乳柑·동정귤은 상등품이고, 감자柑子·청귤靑橘은 그다음이며, 유자柚子·산귤山橘은 또 그다음입니다. 그런데 근래에 귤나무를 잘못된 방법으로 배양하였고, 또 바람과 추위에 해까지 입었습니다. 이 때문에 예전에 심은 나무는 거의 없어졌고 새로 심은 나무는 아직 무성하지 못합니다.

귤나무는 바람과 추위를 싫어하여 민가의 양지바른 울타리 안에서 많이 자랍니다. 또 사람들이 많이 밟고 다닌 땅에서만 뿌리를 튼튼하게 내리고 열매도 많이 맺습니다. 그런데 관청에서는 과수원에 귤을 너무 많이 심어서 뿌리가 엉키고 쉽게 벌레가 생깁니다. 이 때문에 품은 갑절이나 들면서도 수확은 민가에서 기른 것만 못합니다.

이런 이유로 귤은 민가에서 공물로 징수해 충당합니다. 그런데 귤이 겨우 열매를 맺기 시작하면 귤나무 주인에게 강압적으로 관리하게 하면서 열매의 수를 헤아려 표식을 달아 놓습니다. 그리고 하나라도 축나면 곧바로 벌금을 징수합니다. 또 집주인에게 귤을 관청까지 운반하게 하는데, 만일 기일에 맞추지 못하면 엄하게 벌을 내리고 용서하지 않습니다. 이에 백성들이 귤나무 심기를 좋아하지 않고, 심지어는 나무를 뽑아 버리기도 합니다. 부디 앞으로는 귤을 잘 재배하는 자에게 부역을 면제해 주고 노고를 위로해 주십시오. 또 별도로 귤을 관리하는 아전을 두고, 관에서 직접 운반하게 하여 귤나무 주인을 번거롭게 하지 마십시오.

귤과 유자는 3월에 열매를 맺어 9월에 익기 시작해 겨울에 수확합니다. 열매가 반쯤 익었을 때 씨를 받아 심으면 유감이 감자가 되고, 감자가 유자가 되며, 유자가 탱자가 되어 품질이 떨어집니다. 반면 이듬해 3~4월까지 기다렸다가 귤이 무르익은 뒤에 씨를 받아 심으면 절반은 본래 나무가 되고 절반은 다른 종자가 됩니다. 하오니 이제부터 정해진 시기에 씨를 받도록 하십시오.

지금 금귤金橘은 승려 법련法連의 집에 딱 한 그루가 있을 뿐입니다. 일전에 그 집에 불이 나서 나무가 말라 죽었는데, 뒤에 다시 싹이 나서 예전처럼 열매를 맺는다고 합니다. 그러나 만약 그 나무가 다시 마르게 되면 금귤이 아주 사라질까 염려됩니다. 이제 제주, 대정, 정의 세 고을 사람들에게 정해진 방법대로 금귤 나무를 접붙이게 하되, 본래의 나무는 상하지 않도록 조심하게 하십시오. 또 접붙인 나무는 민가와 관청의 양지바른 땅에 넓게 떨어뜨려 심게 하십시오.

감자柑子를 처음 수확할 적에 껍질이 두껍고 과육이 단단한 것을 골라 저장해 두면 4~5월까지 색과 맛이 변하지 않습니다. 마땅히 과일을 선별해 단단히 밀봉하고 여러 번 싸서 진상하도록 시험해 보십시오. 또 유감乳柑을 심었는데 감자柑子가 된 귤은, 열매는 작지만 껍질이 연하고 맛과 품질이 보통의 것보다 갑절은 좋습니다. 그러나 밀봉해 진상할 때에는 껍질이 너무 부드럽고 연해서 쉽게 물러지고 터집니다. 이에 담당하는 다방茶房이 퇴짜를 놓고 책임자를 문책하니, 수령들이 그 책임이 두려워 끝내는 맛이 좋은 감자를 진상하지 않습니다. 앞으로는 별도의 그릇을 택해 단단히 밀봉한 다음, 그 사이사이에 다른 물건을 끼워 넣어 서로 부딪혀 상하지 않게 하고, 다시 겉을 싸서 특별히 진상하게 하십시오.'

의논하는 자들의 말이 이와 같으니, 세 고을의 수령은 다시 적당한 방법으로 나무를 심도록 하라. 이로써 위로는 나라 살림을 풍족하게 하고, 아래로는 백성들에게 폐가 되지 않도록 하라. 더 불편한 일들이 더 있거든 다시 잘 생각하여 아뢰도록 하라." _ 세조 1년(1455) 12월 25일

9-4. 백정의 계보학

집현전 직제학 양성지가 국정에 관해 상소를 올렸다.

"백정들을 정착시키는 일에 대해 아뢰겠습니다. 백정은 때로는 '화척'禾尺이라 칭하고, 때로는 '재인'才人이라 칭하며, 때로는 '달단'韃靼이라고도 칭하는데, 그 종류가 하나가 아닙니다. 그들이 일반 백성들 사이에 끼지 못하고 있으니 국가로서는 민망한 일입니다.

우리 조선은 그들의 옛 이름을 변경해 '백정'白丁이라 부르며 군대에 소속시키고 벼슬길을 열어 주었습니다. 그러나 이들은 본래 우리 족속이 아닙니다. 하여 멀게는 500여 년, 가깝게는 수백 년을 이곳에 살면서도 풍속을 바꾸지 않고 자기들끼리 모여 살면서 자기들끼리 혼인을 합니다. 이들은 소를 도살하기도 하고, 구걸을 하기도 하며, 도적질을 하기도 합니다. 게다가 고려시대 거란이 침략했을 때에는 앞장서서 거란의 길잡이 노릇을 했습니다. 또 거짓으로 왜적처럼 꾸미고 강원도에서 경상도까지 세력을 떨쳐서, 정부가 따로 장수를 파견해 토벌하기도 했습니다. 지금도 도적 중에 체포된 자의 태반은 백정들입니다. 이들은 팔도에 친척과 일당을 연이어 두고 있는데, 무리가 작을 때면 식량을 축내고, 무리가 크면 난리를 일으킵니다. 모두 염려할 만한 일입니다.

이에 청하오니, 지금부터는 이들을 별도의 한 가구로 만들지 마십시오. 모두 갑사, 시위, 진군鎭軍의 봉족奉足으로 삼아 번갈아 역을 지게 하여 한 명 한 명 백성들 사이에 끼어 살게 하십시오. 다른 고장으로 왕래하는 것도 금하고, 홀로 산골짜기에 거처하거나, 자기들끼리 혼인하는 것도 금하십시오. 소를 도살하거나, 도적질을 하거나, 악기를 연주하면서 구걸하는 것도 나라 안팎에서 엄히 금해야 합니다. 이를 어기는 자는 그 가장家長에게 죄를 주십시오. 반대로 3대에 이르도록 법을 어기지 않으면 일반 백성으로 편입해야 합니다. 그리하면 저들 또한 농사짓는 즐거움을 알게 되고 도적도 점점 사라질 것입니다." _ 세조 2년(1456) 3월 28일

9-5. 금의환향한 명나라 환관의 복수

명나라에 사신으로 갔던 고태필高台弼 등이 역관 김자해金自海를 보내 아뢰었다.

"명나라 사신인 태감환관의 우두머리 강옥姜玉과 김보金輔*가 출발해 오고 있습니다."

또 김자해가 아뢰었다.

"강옥의 본가가 충청도 공주인데, 지금 어미와 아우, 그리고 누이의 생사 여부를 묻고 있습니다. 김보도 경기도 장단에 있는 부모의 안부를 물었습니다."

세조가 즉시 두 도의 관찰사에게 그 부모 형제의 생사 여부를 물어서 보고하게 하였다. _ **세조 14년(1468) 2월 24일**

* 조선 초, 명나라에서는 조선에 궁녀와 환관을 요구했고, 태종, 세종 대에 여러 명이 명나라 황실에 환관으로 갔다. 강옥과 김보도 그들 중 하나다. 이들은 조선에 사신으로 파견돼 각종 물품을 받는 대가로 조선의 요구 사항을 명나라 황실에 전했다.

강옥 등이 개성에 도착하니 선위사 정찬손과 어세겸 등이 잔치를 베풀었다. 이때 강옥이 친척 두 명을 만나 어머니의 안부를 물었는데 단종 2년에 죽었다고 하여 매우 슬피 울었다.

김보의 아버지 김순복金純福도 연회에 들어와 김보를 보았다. 김보가 맞아들여 북쪽 의자에 모신 후에 네 번 절하고 자신은 서쪽 의자에 앉았다. 형 김동도 들어와 보니 동쪽 의자에 앉게 하였다. 이때 숙부인 김순우, 김순선이 들어와 보려고 했는데 김보가 말하였다.

"이분들이 내 아버지의 친형제들인가? 내가 알아보지 못하였다. 아버지가 내 어미를 버린 것은 전적으로 이 숙부들이 지휘한 일이었다." _ 세조14년(1468) 4월 6일

김보의 어머니는 경기도 장단에서 살다가 경상도 경주에 가서 객지 생활을 하고 있었다. 김보가 가서 어머니를 뵈려고 하자, 임금이 환관 신운申雲에게 명하여 술과 고기를 가져다주게 하였다.

김보가 어머니 앞에 나아가 네 번 절하고 고개를 숙였다. 그리고 서로 손을 잡고 울면서 슬픔을 이기지 못하였다. 김보가 주변 사람들을 돌아보며 말하였다.

"밖으로 나가 조정에서 나온 관리를 만나 보시오."

사람들이 나간 뒤에 김보가 어머니에게 말하였다.

"아버지가 후처를 아끼기 때문에 어머니가 아버지와 함께 살아

도 안심이 되지 않았습니다. 이제 임금의 은혜를 입어서 형 김동이 녹봉을 받게 되어 어머니를 모실 수 있습니다. 아버지와 별거하더라도 안심하고 생활할 수 있을 겁니다."

김보의 어머니가 말하였다.

"마땅히 너의 말에 따르겠다."

잠시 후, 잔치를 열고 술을 돌리게 되었는데, 김보가 어머니께 먼저 올리고 아버지께 나중에 올리면서 말하였다.

"어머니를 심하게 박대했으면서 오늘 내 술을 받아 마시는 건 부끄럽지 않습니까?"

그리고 아버지의 후처가 낳은 열 살 먹은 아이를 보고는 수건을 양손에 건네주는 척하면서 뺨을 때리기도 하고 어깨를 치기도 했다. 또 칼을 빼들고 위협하며 말하였다.

"네가 만약 울면 기필코 죽여 버릴 것이다."

김보가 아이를 아버지에게 보내면서 말하였다.

"이 아이는 내가 전하께 아뢰어 연경북경에 데리고 돌아가겠습니다."

이때 아이가 갑자기 도망을 쳤다. 김보가 노해서 그 아버지를 다그쳐 억지로 찾게 했지만 끝내 찾지는 못했다. 김보가 어머니에게 선물 두 궤짝을 주었다. _ 세조 14년(1468) 4월 17일

9-6. 세조가 들려주는 온천욕의 비법

임금이 서찰을 의원에게 내렸다.

"온천욕의 효력에 관해서는 의견이 분분하다. 모두들 제 말이 맞다며 이런저런 근거를 제시한다. 그대로 따를 수도 없고 정해진 법도 따로 없으니, 세상의 큰 폐단이다. 내가 지금 온천욕을 시험하여 보니 그 효력이 신통하다. 바람을 맞거나 습해서 생기는 병 중에 낫지 않는 것이 없었다. 다만, 내가 온탕에 드나들 적에 바람에 상하는 경우가 많아서 전의 병이 미처 사라지기 전에 새로운 병이 시작된다. 온천욕을 지나치게 하면 어지럽고, 부족하게 하면 효험이 없다. 마땅히 자신의 기력을 스스로 헤아려 조절해야 한다. 실로 사람이 마음대로 할 수 있는 일은 아니다.

무릇 온천욕은 늦봄이 시작되는 초기에, 해가 높이 떠오르고 바람기가 없을 때에 하는 것이 좋다. 배가 너무 고프거나 배가 너무 부른 때보다 조금 부족한 듯하거나 많이 먹지 않았을 때가 좋다. 욕탕에서 나올 때에는 먼저 홑옷을 따뜻하게 해두었다가 바로 등에 걸친다. 즉시 마르고 따뜻한 홑옷, 겹옷, 솜옷을 입는데 자신이 원하는 대로 더하거나 줄인다. 탕에서 나온 후에는 따뜻한 탕국과 죽을 마신다. 만약 술을 마시면 물속에서 땀을 내는 데 도움이 되는데, 냉수에서 하더라도 무방하다. 이러한 내용을 정리해서 영구히 좋은 처방으로 삼도록 하라." _ 세조 10년(1464) 4월 16일

9-7. 소금 굽는 염부의 아들, 천재 화가 최경

그림으로 당상관에 오르다

임금이 도화원 제거提擧: 3품 관직 최경崔涇을 파직하였다. 최경은 본래 안산군경기도 안산에 사는 소금 굽는 염부의 아들이다. 어렸을 때에 그 아비를 따라 관아에서 환곡還穀을 얻어먹으며 살았다. 최경은 아이들과 놀 때에, 소 채찍으로 땅에다가 사람, 노새, 말의 형상을 그렸는데 꽤나 살아 있는 것 같았다. 이에 촌부들이 말하기를, '이 아이는 그림으로 출세할 것이다'라고 하였다. 후에는 도화원 생도가 되었고 그림에 능통해 여러 번 특별히 관직을 제수받았다.

화원의 관직은 본래 5품으로 한도가 정해져 있었다. 그러나 최경은 좋은 그림으로 높은 사람을 잘 섬겨서, 도화원 별좌5품가 되었다가 정3품 당상관인 통정대부까지 올랐다.

최경은 사람들이 자신의 출신을 잘 모르는 것을 알고서, 스스로 명망 있는 집안의 후손이라고 하였다. 이름 있는 재상 중에 성이 최씨인 사람은 모조리 끌어다 족친이라고 하였다. 최경은 말하기를, '아무개는 나의 몇 촌 형이고, 아무개는 나의 몇 촌 아우다'라고 하면서도 뻔뻔하게 부끄러워하지 않았다. 하지만 시골에 사는 그의 형제자매는 오히려 가문을 세우지 못하고 구걸로 먹고 살았다. 최경은 사람들과 얘기하다가 말이 궁해지면 항상 '최사강崔士康: 세종 대 문신 큰형님이 이렇게 말했다'라고 하였는데, 헛된 자랑과 거짓됨이 이와 같았다.

당상관 제수, 그리고 파직

이때 최경이 당상관에게 주는 전관田關: 토지 문서을 받아 신분을 깨끗하게 하려고 하였다. 그런데 사간원에서 이것저것 논박하면서 서명해 주지 않아 최경이 세조께 아뢰었다.

"사간원에서 신을 부처를 그리는 사람이라 하여 전관 발급에 서명하지 않습니다."

세조가 지사간知司諫 이지李墀와 최경을 부르고, 이지에게 말하였다.

"너희가 최경에게 '부처를 그리는 사람'이라고 하면서 전관에 서명하지 않는다고 하는데 무슨 말인가?"

이지가 아뢰었다.

"저희는 최경이 화원畫員 출신이기 때문에 의심나는 점이 있어서 서명하지 않았을 뿐입니다. 부처를 그리는 일은 신이 알지 못합니다."

임금이 사람을 시켜 최경에게 물으니 대답하였다.

"신이 이지의 집에 가서 무엇 때문에 서명하지 않는지 물었습니다. 그러자 이지가 귀엣말로 '동료들은 네가 화원 출신이라 머뭇거리며 서명하지 않는 것이다'라고 하였습니다. 신이 말하기를 '내가 비록 그림을 업으로 삼고 있지만, 세종께 부름을 받은 이후로는 임금의 초상, 불상, 인물 등을 그려 왔다. 다른 화원들에 비할 바가 아니다'라고 하였습니다. 이에 이지가 다시 말하기를 '간원들은 네가 부처를 그린 일 때문에 서명하지 않는 것이다'라고 하였습니다. 신이 또 말하기를, '과연 그러하다면 내가 전하께 아뢰어야겠다'라고 했습니다. 이지는 이 말을 듣고도 여전히 서명하지 않았고, 이미 4개월이 흘렀습니다. 부처를 그렸기 때문이라는 말은 궁궐의 노비한테도 들었습니다."

임금이 승지들에게 최경과 궁궐 노비를 국문하게 하였는데, 최경의 말이 사실이 아니었다. 임금이 드디어 최경을 파직하였다. _ 세조 9년(1463) 3월 7일

성종대, 다시 당상관 논쟁

대사헌 김지경, 대사간 성준 등이 아뢰었다.

"신 등이 함께 온 것은 전하성종께서 뜻을 바꾸시길 바라기 때문입니다. 선왕 대에도 어용御容을 그린 사람들이 있었지만 당상관이 되었다는 말은 들어보지 못했습니다. 세종조에는 안견이 제일

가는 화공이었어도 그저 4품에 불과했습니다. 지금 최경 등에게 후하게 상을 주시려거든, 줄 만한 물품이 많습니다. 어찌 꼭 당상관이 되어야만 그 공에 대한 상이 되겠습니까?"

대왕대비세조비 정희왕후가 전지하였다.

"지금 주상은 태어난 지 몇 개월 만에 아비를 잃어 의경왕성종의 아버지의 얼굴을 알지 못한다. 지금 최경 등이 올린 초상화는 내가 보기에도 의경왕과 꼭 닮았다. 하여 주상이 진실로 기뻐하면서 그 공을 갚고자 했지만, 대신들이 간절히 반대하므로 경들의 청을 들어주려 한다. 그러나 나는 그것이 지나치다고 생각한다. 잡직의 품계가 5품으로 한정되어 있다지만, 화공 안견도 4품에 올랐고 풍수학을 하는 안효례도 당상관이 되었다. 환관 중에서도 당상관이 된 자가 많다. 이를 보면 과연 품계의 한도에 구애될 필요가 있겠는가?"

대왕대비가 다시 전지하였다.

"조정에 들어온 환관의 인척들 중에서도 당상관이 된 사람이 많다. 최경을 어찌 그 아래에 두겠는가? 그러나 경들이 모두 청하고 있고, 사람들의 이목이 혼란스러울까 두렵다. 이 때문에 주상이 어명을 거두었다." _ 성종 3년(1472) 6월 4일

9-8. 청탁의 달인, 얼자 허모지리*

궁궐 같은 집을 지은 얼자 허모지리

허계지許繼智의 본명은 모지리毛知里인데, 허안석許安石의 노비첩 소생이다. 그런데 허안석이 그를 후계로 삼으려 하므로 관에서 그의 출생에 대해 소송하였다.

허계지는 아버지에게 물려받은 재산으로 귀하고 높은 사람들과 사귀면서 대납代納: 국가 공물 납품권 사업권 중에 이익이 되는 것

* 허계지의 본명은 허모지리다. 모지리는 허안석의 노비첩 아들인데, 어머니는 허안석의 정실부인인 이씨의 여종 충개다. 그런데 충개에게는 이미 김승재라는 남편이 있었다. 허안석은 모지리를 매우 아껴 후계로 삼았지만, 허안석이 죽자 그의 부인 이씨는 모지리가 허안석의 아들이 아닌 김승재의 아들이라고 주장했다. 이 문제는 문종 1년 조정을 시끄럽게 흔들었다. 결국 모지리는 허안석의 아들임을 인정받았지만, 이 일로 그의 천한 신분이 만천하에 드러나게 된다. 이후 허계지는 세조 대를 거치며 큰 부상(富商)으로 성장한다. 세조 대에는 백성이 직접 공물(貢物)을 납부하는 대신, 공물을 모으는 자가 먼저 국가에 공물을 납부하고 그 값을 백성들에게 받아 내는 대납(代納) 제도가 정착했다. 허계지는 세조의 맏며느리이자 성종의 어머니인 인수대비 한씨와 친분을 쌓아 대납 사업권을 따냈고, 큰 이익을 얻는다. 이후 허계지는 뇌물 청탁 및 탈옥 문제로 여러 번 탄핵당해 변방으로 유배를 떠난다. 그러나 성종 5년 최종 방면된다.

이 있으면 가장 먼저 나서서 차지하였다. 하여 몇 년이 지나지 않아 갑부가 되어 성명방誠明坊: 지금의 서울시 중구 부근에 집을 지었는데, 마룻대와 추녀 끝에 붉은색을 칠해 사치스럽기가 이를 데 없었다. 또 조정의 명망 있는 사람들이 그 집에 많이 드나들었다.

뇌물죄로 하옥, 탈옥, 그리고 자수

일찍이 허계지가 어떤 사람과 노비 문제로 장례원掌隷院: 노비 담당 관청에서 소송을 했는데, 허계지가 소송에서 이기지 못할까 두려워하였다. 이에 판결사判決事 김순명金順命에게 뇌물을 주려고 집으로 초대했는데, 이 일을 대간에게 적발당했다. 사헌부에서는 허계지를 국문해 곤장을 때려 유배 보내려고 하였다. 그러자 허계지가 옥을 지키는 간수에게 뇌물을 두둑이 주고 도망쳤다.

형조에서 예종께 아뢰었다.

"백성을 변방으로 이주시킬 때에도 도망친 자는 법에 의해 참형에 처하고, 그 처와 아들은 종신토록 노비로 삼으며, 재산은 몰수합니다. 그런데 허계지는 죄를 짓고 도망을 친 데다가, 그 집과 의복이 분수에 넘치게도 궁궐과 흡사합니다. 청컨대 잡아서 목을 베시고, 그 처자식 또한 법대로 단죄하십시오."

임금이 그대로 하라고 명하였다. 사헌부에서 다시 아뢰었다.

"지금 허계지가 도망 중에 있으니 먼저 처자에게 죄를 주고 가산을 몰수하십시오."

임금이 말하였다.

"허계지가 도망가서 죄를 확정하지 못했는데 먼저 처자를 벌주는 것은 옳지 않다." _ 예종 1년(1469) 7월 22일

모지리의 뒷배는 성종의 어머니

허계지가 제 아내를 시켜 연줄을 동원해 임금께 아뢰어서 죄를 사면받고자 했고, 만약 죄를 사면받을 수 없다면 울산이나 영일로 유배 가기를 원했다. 임금이 승정원에 전교하였다.

"무릇 신하는 비록 무시무시한 형구가 눈앞에 있더라도 의리상 피하지 않는 법이다. 그런데 허계지는 옥에서 탈출해 숨어 있다가 사면령을 기다려 그 죄가 사면되기를 바라면서 자수하였다. 정황을 보아하니 그 죄가 몹시 크다. 또 그 아내가 몰래 대비전에 청탁을 넣어 유배지를 선택하려 했으니 즉시 잡아다 신문하라."

승정원에서 허계지를 잡아다 국문했는데 허계지가 말하였다.

"신이 처음에는 형장이 무서워 달아났다가 어렴풋이 사면령이 반포된다는 것을 듣고 스스로 옥에 돌아왔습니다. 제 처가 대비전에 청탁을 넣었을 때는 제가 이미 옥에 있을 때인데 어찌 함께 의논할 수 있었겠습니까?"

허계지의 아내에게 물으니 대답하였다.

"신첩은 평소에 수빈세조의 맏며느리, 성종의 모후의 처소에 드나들었는데, 그것으로 전하의 유모이신 봉보 부인과 연줄이 닿았습니다.

하여 저희의 농장이 있는 곳으로 유배 가길 청했을 뿐입니다. 신첩이 유모와 만났을 때에 신첩의 지아비는 옥중에 있었습니다. 어찌 함께 논의할 수 있었겠습니까?"

다시 그 사위 심환에게 물으니 대답하였다.

"신의 아내의 친어머니는 쫓겨나서 여승이 되었습니다. 지금 의붓어머니가 집안일을 보고 있는데 평소에 신과는 사이가 좋지 않습니다. 비록 논의할 일이 있다 해도 어찌 신과 얘기했겠습니까?"

임금이 말하였다.

"허계지가 도망쳤을 때 어찌 국법을 몰랐겠는가? 국법을 업신여겨 감히 거리낌 없이 행동한 것이다. 지금 또 그의 처가 수빈궁에 청탁을 넣었는데, 이것이 어찌 허계지의 지시가 아니겠는가? 허계지에게 곤장을 치고 신문하라."

곤장 30대를 때렸는데도 허계지가 승복하지 않자 임금이 의금부에 가두라 명하였다. _예종 1년(1469) 9월 21일

대비마마, 허계지를 사면하다

사간원 정언 여지呂篪가 성종께 아뢰었다.

"허계지가 대신들에게 뇌물을 주고 청탁을 넣어 평안도 강계로 귀양을 갔습니다. 그런데 지금 그가 다시 유배지에서 도망쳐 한양으로 돌아왔다는 말을 들었습니다. 이에 그를 추포해 물으니 그가 말하였습니다. '식량을 구한다고 관찰사에게 핑계를 대고 도망쳐

왔습니다. 임금께 말씀을 올려 사면을 청하려고 했습니다.' 허계지는 죄인인데 관찰사가 놓아주어 도성에 드나들게 했으니, 청컨대 그 또한 함께 국문하십시오."

대왕대비세조비 정희왕후가 전교하였다.

"허계지의 죄는 진실로 용서할 수 없는 일이다. 그러나 주상과 인수대비성종의 모후가 모두 병을 고치려 그의 집에서 머문 적이 있다. 또 지금의 중전성종비 공혜왕후 또한 허계지의 수양딸이다. 이 때문에 특별히 방면하는 것이니 더 이상 말하지 말라." _ **성종 1년(1470) 5월 28일**

참고자료 | 조선왕조실록 속 관직명

간관諫官 : 사간원(司諫院)과 사헌부(司憲府)에 속하여 임금의 잘못을 간(諫)하고 백관(百官)의 비행을 규탄하던 벼슬아치.

감역관監役官 : 조선시대 선공감(繕工監)에 두었던 종9품 관직으로, 궁궐과 관청의 건축 및 수리 공사를 감독하였다.

경력經歷 : 종4품 관직으로 조선 초기에는 충훈부(忠勳府)·의빈부(儀賓府)·의금부(義禁府)·개성부(開城府)·강화부(江華府)·오위도총부(五衛都摠府)·중추부(中樞府) 등에서 행정실무를 맡아보았는데, 후기에는 충훈부·의빈부·의금부의 경력은 폐지되고, 오위도총부에는 4명을 증원하고, 강화부와 광주부는 잠시 두었다가 판관으로 바꾸었다.

관찰사觀察使 : 조선시대 문관의 종2품 외관직(外官職)으로 감사(監司)라고도 한다. 지방의 도(道) 또는 부(府)의 장관으로, 병마절도사(兵馬節度使)·수군절도사(水軍節度使)의 무관직을 거의 겸하고 있었다. 조선 초기에는 안렴사, 관찰사 등의 이름으로 자주 바뀌었다가 세조 때부터 관찰사로 명칭이 굳어졌다. 중앙의 명령을 따라 정사를 시행하였지만, 자기 관하의 수령(守令)을 지휘 감독하며 사실상 경찰·사법·징세권을 행사함으로써 지방행정상 절대적 권력을 가졌다. 관찰사의 관아를 감영(監營)이라고 하며, 일반 민정은 감영에 속한 이(吏)·호(戶)·예(禮)·병(兵)·형(刑)·공(工)의 육방(六

房)에서 행하고, 이를 지방민에서 선출된 향리로 담당하게 하였다.

교리校理 : 집현전(集賢殿)·홍문관(弘文館: 궁중의 경서와 사적의 관리, 문한의 처리 및 왕의 자문에 응하는 일을 맡아보던 관청)·승문원(承文院: 외교문서를 담당한 관청)·교서관(校書館: 경적經籍의 인쇄, 반포 및 제사에 쓰이는 향과 축문에 관한 일 등을 관장) 등에 속하여 문필에 관한 일을 맡아보던 관직으로, 정5품 또는 종5품이었다.

대광보국숭록대부大匡輔國崇祿大夫 : 정1품 문무관(文武官)에게 주던 최고 품계. 정1품의 상계(上階)로서 보국숭록대부(輔國崇祿大夫)보다 상위 자리이다. 1392년(태조 1) 7월 관제를 새로 정할 때 만들어졌으며, 그 처(妻)에게는 정경부인(貞敬夫人)의 작호가 주어졌다.

대사간大司諫 : 사간원의 으뜸 벼슬로 정3품이다. 임금에게 간언하는 일을 맡아 보면서, 다른 사람의 상소를 임금에게 올리는 일도 맡았으므로 학식과 경험이 풍부한 사람이 임명되었다. 아래로 사간(司諫: 종3품), 헌납(獻納: 정5품) 각 1인, 정언(正言: 정6품) 2인을 두었다.

대사헌大司憲 : 사헌부의 으뜸 벼슬로 종2품이며, 정원은 1인이다. 현실 정무(政務)를 논평하고, 모든 관료를 규찰하며 풍속을 바로잡고, 외람되고 거짓된 것을 금하는 등의 일을 관장했다. 아래로 집의(執義) 1인, 장령(掌令)과 지평(持平) 각 2인, 감찰(監察) 13인을 감독하고 통솔하였다. 대사헌 이하 집의·장령·지평까지의 사헌부 소속 관원을 통칭 대관(臺官)이라고 하였는데, 모든 대관은 사헌부의 청환직(淸宦職)으로, 문과 급제자 중 청렴 강직하여 시류에 영합하지 않고, 옳다고 믿는 바를 굽히지 않고 직언할 수 있는 인물이어야 하므로, 승문원·성균관(成均館)·홍문관(弘文館) 등을 거친 젊고 기개가 있는 인재들이 임명되었다.

도승지都承旨 : 승정원(承政院)의 으뜸 벼슬. 왕명을 전달하거나 신하들이 왕에게 올리는 글을 상달하는 일을 맡아보았다.

동지사同知事 : 조선시대 돈령부(敦寧府: 조선시대 종친부에 속하지 않은 종친과 외척을 위해 설치되었던 관서)·중추부·의금부(義禁府)·경연청(經筵廳)·성균관·춘추관(春秋館) 등에서 지사(知事)의 보좌역을 맡았던 종2품 관직.

봉교奉教 : 예문관(藝文館)에 두었던 정7품 관직. 봉교 이하 검열(檢閱)까지를 통칭하여 한림(翰林)이라 하였다.

빈객賓客 : 세자의 교육을 담당하던 세자시강원 소속의 정2품 관직. 정원은 2인으로, 좌빈객과 우빈객 각 1인이 있었으며, 겸관(兼官)이었다.

사직司直 : 오위(五衛)에 두었던 정5품 서반 무관직. 봉급을 지급하기 위하여 임명한 관직으로 실무는 없었다.

승지承旨 : 승정원의 정3품 관직. 도승지(都承旨)·좌승지(左承旨)·우승지(右承旨)·좌부승지(左副承旨)·우부승지(右副承旨)·동부승지(同副承旨) 등 여섯 승지를 말하며, 왕명의 출납을 담당하였다. 태종 원년(1401)에 대언(代言)으로 명칭을 바꿨다가 후에 다시 승지로 고쳤다.

시독관侍讀官 : 경연청(經筵廳)에 두었던 정5품 관직으로 임금에게 경서(經書)를 강의하였다. 홍문관(弘文館)의 교리(校理)와 부교리(副校理)가 겸직하였다.

영사領事: 삼사(三司), 돈령부(敦寧府), 경연청, 집현전(集賢殿), 홍문관, 예문관(藝文館), 춘추관(春秋館), 중추부(中樞府) 등의 으뜸 벼슬.

영춘추관사領春秋館事 : 고려·조선시대 춘추관에 두었던 정1품 관직으로, 영관사(領館事) 또는 영사(領事)라고도 함. 영의정이 겸임하였다.

원상院相 : 국왕이 병이 났거나 어린 왕이 즉위하는 등 정상적인 국정(國政) 수행이 어려울 때 승정원에 나와 왕을 보좌하고 육조를 통할했던 임시 관직으로 원임(原任)·시임(時任)의 재상들로 구성되었다.

응교應教 : 홍문관과 예문관의 정4품 관직. 학문 연구와 임금이 훈유하는 명령글을 짓는 일이 주된 직무였고, 경연관(經筵官)의 일원이 되기도 하였다.

장령掌令 : 사헌부의 정4품 관직. 장령을 포함한 대간은 사헌부의 기간요원이기 때문에 그 직무가 막중하였으므로 소신을 굽히지 않고 직언할 수 있는 강직한 젊은 엘리트들이 임명되었다.

전랑銓郎 : 조선시대 문무관의 인사행정을 담당하던 이조와 병조의 정5품관인 정랑과 정6품관인 좌랑직의 통칭. 특히 여론 기관인 삼사의 관리를 임명하고 자신의 후임을 추천할 수 있었던 이조전랑이 중시되었다.

정언正言 : 사간원의 정6품 관직. 간관으로서 국왕에 대한 간쟁(諫諍)과 봉박(封駁: 임금에게 글을 올려 일의 옳지 아니함을 논박함)을 담당했다. 그러나 실제

임무는 훨씬 폭이 넓어서, 사간원의 다른 관료 및 사헌부·홍문관의 관료와 함께 간쟁·탄핵·인사 등에 대한 언론과 경연·서연(書筵)의 참여 및 인사 문제와 법률 제정에 대한 서경권(署經權), 국문(鞫問) 및 결송(決訟) 등에 참여하였다.

좌대언左代言 : 조선 초기 승추부(承樞府)와 승정원(承政院)의 정3품 관직. 왕명의 출납을 맡아 보았다.(→승지 참조)

좌랑佐郞 : 육조(六曹)의 정6품 관직으로 정랑(正郞) 다음 직급이었으며, 중견행정 실무자들이었다.

주서注書 : 승정원의 정7품 관직으로, 특히 『승정원일기』의 기록을 담당하였다.

지사知事 : 돈령부·의금부(義禁府)·경연청·성균관(成均館)·춘추관·중추부·훈련원(訓鍊院)의 종2품 벼슬로, 모두 겸직이었다.

지사간원사知司諫院事: 사간원에 소속된 종3품 관직. 태종 원년(1401)에 문하부낭사(門下府郎舍)가 사간원으로 독립되면서 직문하(直門下)가 지사간원사로 명칭이 바뀌었다가 세조 12년(1466)에 사간(司諫)으로 개칭하면서 폐지되었다. 법제적으로는 사간원 본래의 업무인 간쟁과 봉박, 서경 등의 일을 맡아보도록 되어 있었으나 실제로는 사헌부와 집현전의 관원들과 함께 언관(言官)으로서 필요에 따라 광범위한 임무들을 수행했다.

지신사知申事 : 왕명의 출납을 담당하던 승추부(承樞府)와 승정원의 최고위 관직인 정3품 도승지의 별칭이다.

지중추원사知中樞院事 : 조선 초기 궁궐을 수비하며 군사 기밀을 전달하는 등 군사 관계를 맡았던 중추원의 종2품 관직.

지춘추관사知春秋館事 : 춘추관의 차관급 관직으로, 좌의정과 우의정이 겸임하였다.

지평持平 : 사헌부의 정5품 관직. 백관의 비위 사실에 대한 탄핵권과 인사 및 법률 개편의 동의 혹은 거부에 관한 서경권을 가지고 있었다. 때문에 지평은 이조전랑(吏曹銓郎)과 함께 대표적인 청요직(淸要職: 청빈함이 요구되는 직책)으로 인식되었다.

집의執義 : 사헌부의 종3품 관직. 대사헌(大司憲) 이하 장령(掌令)과 지평(持平)까지의 다른 사헌부 관원과 함께 통칭 대관(臺官)이라 불렸다.

찬성사贊成事 : 고려 후기 첨의부(僉議府)의 정2품 관직으로, 조선 건국 직후인 1392년에는 문하부의 종1품 관직으로 시랑찬성사와 찬성사가 1인씩 두어졌는데, 이후 1414년(태종 14)에 동판의정부사(同判議政府事)로 개칭되고 같은 해에 다시 좌참찬·우참찬으로 바뀌었다가 다음해에 좌참찬은 찬성으로, 우참찬은 참찬으로 개편되었다.

참의參議 : 조선시대 육조(六曹)에 소속된 정3품 당상관(堂上官)으로 정원은 각 1인씩 총 6명이다. 참판(參判) 다음 직책으로 각 조의 참판과 함께 판서를 보좌하면서도 판서와 대등한 발언권을 지니고 있었다.

판교判校 : 외교문서에 관한 일을 맡아보던 승문원(承文院)과 경서(經書)의 인쇄 및 발행을 맡아 보던 교서관(校書館)에 각각 두었던 정3품 관리.

판서判書 : 육조(六曹)의 장관으로 정2품 관직이다. 1405년(태종 5)에 설치하여 1894년(고종 31)에 폐지되었다. 개국 초에는 전서(典書)로서 지위가 낮아 정치에 깊이 참여하지 못하였기 때문에 1405년(태종 5)에 판서로 고치고 품계도 정2품으로 올려 의정부에서 관장하고 있던 실권도 물려받았다. 지방행정·군정·외교 등을 위한 도순문사(都巡問使)·도순찰사(都巡察使)와 중국에 파견되는 각종 사신 및 중국의 칙사를 위한 각종의 지대사(支待使) 등에 차출되었다.

헌납獻納 : 사간원의 정5품 벼슬. 여타의 사간원·사헌부·홍문관 관원과 함께 각종 언론활동을 전개하였다.